そうだったんだ！中国

慧眼看中国

李　軼倫
Li Yilun

KINSEIDO

まえがき

このテキストは１年目の初級中国語を終了した学習者に向けて作成されました。全 12 課から構成され、週１回の授業で１年間学び終えることを想定しています。１年間の学習で、読解力・文法力・語彙力をしっかり身につけます。

各課の内容は、疑問に答える形で、中国文化や中国人の考え方などを紹介するものになっています。厳選した 12 の興味深いトピックを学習することで、「なるほど、そうだったのか」と新しい発見がきっとあるはずです。今までぼんやりとした中国像もよりくっきり見えてくると思います。同時に、日本人の考え方や文化習慣と比較することで、中国・中国人とうまく付き合っていくためにも参考になるでしょう。

言語と文化は切り離すことができません。文化は言語の基礎、言語は文化の表れ、というふうに言えると思います。一つの言語を自由自在に操るためには、その言語を支える文化を理解する必要があります。逆に言えば、その国の文化・習慣を理解することが、言語の修得に大きな助けになるのです。履修者のみなさんには、ぜひこのテキストで中国語と中国文化の両方を修得し、一石二鳥の目的を達成してほしいと思います。

ただし、中国にはたくさんの方言があるように、各地の文化習慣も様々です。「中国文化」とは何か、これを簡単にまとめることはできないし、正解というものもないでしょう。このテキストで紹介している「中国文化」は、中華文化圏で比較的共通しているものであり、包括的なものではありません。なお、本書では便宜上「中国では…」「中国人は…」という書き方をしていますが、これはあくまでも私個人としての意見であることを予めご了承ください。

最後に、この場を借りて、今回の企画から出版まで力強くサポートしてくださった金星堂の川井義大さんに心より感謝を申し上げます。

2020 年春

著者

音声ファイル無料ダウンロード

http://www.kinsei-do.co.jp/download/0721

この教科書で DL 00 の表示がある箇所の音声は、上記 URL または QR コードにて無料でダウンロードできます。自習用音声としてご活用ください。

- ▶ PC からのダウンロードをお勧めします。スマートフォンなどでダウンロードされる場合は、**ダウンロード前に「解凍アプリ」をインストール**してください。
- ▶ URL は、**検索ボックスではなくアドレスバー (URL 表示覧)** に入力してください。
- ▶ お使いのネットワーク環境によっては、ダウンロードできない場合があります。

CD 00 左記の表示がある箇所の音声は、**教室用 CD** に収録されています。

目　次

第一课　中国人为什么"爆买"？

東京の新宿や銀座など、多くの買い物袋を手に持っている中国人観光客の姿をよく見かけますね。「流行語大賞」にも入った「爆買い」という言葉は今でも時々話題になります。中国人はどうして爆買いをするのでしょうか。また、今はどのような変化が起きているのでしょうか。

DL 02　CD 1-02

不久 前[1]，电视 上 经常 出现 中国 游客 一 次
Bùjiǔ qián, diànshì shang jīngcháng chūxiàn Zhōngguó yóukè yí cì

购买[2] 好几 台 电饭锅[3] 或 十 几 套[4] 高级 化妆品 的
gòumǎi hǎojǐ tái diànfànguō huò shí jǐ tào gāojí huàzhuāngpǐn de

情景。在 感慨[5] 中国 经济 飞速[6] 发展 的 同时，大家 也
qíngjǐng. Zài gǎnkǎi Zhōngguó jīngjì fēisù fāzhǎn de tóngshí, dàjiā yě

新出語句

DL 01　CD 1-01

1 不久前 bùjiǔ qián：少し前　2 购买 gòumǎi：買い求める
3 电饭锅 diànfànguō：電子炊飯器　4 套 tào：セットになっているものを数える量詞
5 感慨 gǎnkǎi：心に深く感じる　6 飞速 fēisù：急速に

一定 会[7] 想，中国人 为 什么 这么 爱 买 东西 呢？
yídìng huì xiǎng, Zhōngguórén wèi shénme zhème ài mǎi dōngxi ne?

其实[8]，中国人 爆买 的 东西 中，很 多 并[9] 不 是[10]
Qíshí, Zhōngguórén bàomǎi de dōngxi zhōng, hěn duō bìng bú shì

自己 用，而是 送礼 用 的。中国人 一 次 买 好几 台
zìjǐ yòng, ér shì sònglǐ yòng de. Zhōngguórén yí cì mǎi hǎojǐ tái

电饭锅，当然 不 可能 都 是 自己 用，大概 还 有
diànfànguō, dāngrán bù kěnéng dōu shì zìjǐ yòng, dàgài hái yǒu

送给 亲友[11] 的 吧。我 想 这样 的 文化 背景 是
sònggěi qīnyǒu de ba. Wǒ xiǎng zhèyàng de wénhuà bèijǐng shì

引起 爆买 的 原因 之一。
yǐnqǐ bàomǎi de yuányīn zhīyī.

大家 可能 还 会 想：即便 如此[12]，中国人 送礼 是
Dàjiā kěnéng hái huì xiǎng : Jíbiàn rúcǐ, Zhōngguórén sònglǐ shì

不 是 有点儿“劳 民 伤 财[13]”？在 这 一 点 上，
bu shì yǒudiǎnr “láo mín shāng cái”? Zài zhè yì diǎn shang,

我 也 有 同感。但 不管 怎么 说[14]，“面子 文化”在
wǒ yě yǒu tónggǎn. Dàn bùguǎn zěnme shuō, “miànzi wénhuà” zài

中国 仍然[15] 根 深 蒂 固[16]。去 国外 旅游 后 空手[17] 回来，
Zhōngguó réngrán gēn shēn dì gù. Qù guówài lǚyóu hòu kōngshǒu huílai,

7 会 huì：～だろう（→文法ポイント1） 8 其实 qíshí：実は 9 并 bìng：別に（→文法ポイント2）
10 不是～而是… bú shì ～ ér shì…：～ではなく…だ（→文法ポイント3） 11 亲友 qīnyǒu：親戚と友人
12 即便如此 jíbiàn rúcǐ：それにしても 13 劳民伤财 láo mín shāng cái：人力と財力を浪費する
14 不管怎么说 bùguǎn zěnme shuō：何せ、何しろ、何と言っても 15 仍然 réngrán：依然として
16 根深蒂固 gēn shēn dì gù：根強い 17 空手 kōngshǒu：手ぶら

或 只 是 买 一 盒 点心 大家 分着 吃，还是 有点儿
huò zhǐ shì mǎi yì hé diǎnxin dàjiā fēnzhe chī, háishi yǒudiǎnr

说不过去[18]。
shuōbuguòqù.

DL 03
CD 1-03

另外[19]，“代购[20]” 也 大大 推动了[21] 爆买。 由于[22] 日本
Lìngwài, “dàigòu” yě dàdà tuīdòngle bàomǎi. Yóuyú Rìběn

商品 质量 安心，价格 合理，很 多 中国人 都 愿意[23]
shāngpǐn zhìliàng ānxīn, jiàgé hélǐ, hěn duō Zhōngguórén dōu yuànyì

购买 日本 商品。 其中，奶粉[24] 和 纸 尿布[25] 等 婴儿[26]
gòumǎi Rìběn shāngpǐn. Qízhōng, nǎifěn hé zhǐ niàobù děng yīng'ér

商品 尤其[27] 受 欢迎。 因此[28]，委托 代购 的 情况 非常
shāngpǐn yóuqí shòu huānyíng. Yīncǐ, wěituō dàigòu de qíngkuàng fēicháng

多，并[29] 形成了[30] 一 种 商业 模式[31]。
duō, bìng xíngchéngle yì zhǒng shāngyè móshì.

不过，据[32] 统计，近 几 年 中国 游客 的 爆买 现象
Búguò, jù tǒngjì, jìn jǐ nián Zhōngguó yóukè de bàomǎi xiànxiàng

有些[33] 缓和，代购 的 人 也 少 了。 这 是 为 什么
yǒuxiē huǎnhé, dàigòu de rén yě shǎo le. Zhè shì wèi shénme

呢？ 请 大家 想 一 想。
ne? Qǐng dàjiā xiǎng yi xiǎng.

18 说不过去 shuōbuguòqù：筋道が立たない、申し開きできない 19 另外 lìngwài：そのほか、一方
20 代购 dàigòu：代理で購入する 21 推动 tuīdòng：推し進める、拍車をかける
22 由于 yóuyú：～のため 23 愿意 yuànyì：したいと思う、したがる 24 奶粉 nǎifěn：粉ミルク
25 纸尿布 zhǐ niàobù：紙おむつ 26 婴儿 yīng'ér：赤ちゃん 27 尤其 yóuqí：特に、とりわけ
28 因此 yīncǐ：そのため 29 并 bìng：その上（→文法ポイント2） 30 形成 xíngchéng：生成する、できあがる
31 商业模式 shāngyè móshì：ビジネスモデル 32 据 jù：～によると 33 有些 yǒuxiē：少し、いささか

文法のポイント

DL 04
CD 1-04

1 会 ～だろう、～のはずだ、～かもしれない

助動詞“会”には、推量や推測など、実現の可能性があることを表す用法があります。

① 如果是你，你会怎么办？ Rúguǒ shì nǐ, nǐ huì zěnme bàn? 怎么办：どうする

② 今天不会下雨吧。 Jīntiān bú huì xià yǔ ba.

③ 我相信你一定会成功。 Wǒ xiāngxìn nǐ yídìng huì chénggōng. 相信：信じる

文末に語気助詞“的”とセットで使われることもあります。その場合、断定の語気がより強くなります。

④ 他一定会喜欢这个礼物的。 Tā yídìng huì xǐhuan zhèige lǐwù de. 礼物：プレゼント

2 并 別に；その上

副詞の用法：別に、決して

① 这并不是你的责任。 Zhè bìng bú shì nǐ de zérèn.

② 这种商品的成本并不高。 Zhèi zhǒng shāngpǐn de chéngběn bìng bù gāo. 成本：コスト

接続詞の用法：その上、そして

③ 日本队进入了决赛，并获得了冠军。 Rìběn duì jìnrùle juésài, bìng huòdéle guànjūn.
决赛：決勝戦 冠军：チャンピオン

④ 他在美国留过学，并在纽约工作了两年。
Tā zài Měiguó liúguo xué, bìng zài Niǔyuē gōngzuòle liǎng nián. 纽约：ニューヨーク

3 不是～，而是… ～ではなく、…だ

① 鲸鱼不是鱼，而是哺乳动物。 Jīngyú bú shì yú, ér shì bǔrǔ dòngwù.
鲸鱼：クジラ 哺乳动物：哺乳類動物

② 这样的结果不是偶然的，而是必然的。
Zhèyàng de jiéguǒ bú shì ǒurán de, ér shì bìrán de.

③ 这不是我一个人的意见，而是大家的意见。
Zhè bú shì wǒ yí ge rén de yìjiàn, ér shì dàjiā de yìjiàn.

李さんのつぶやき

家族や友達が日本へ遊びに来てくれるのは嬉しいけれど、買い物に付き合ってあげなければならないのは正直ちょっと面倒です。お土産の量がとにかく多くて、その中にこれでもかというような重たいものや、かさばるものもあったりするので、中国人の僕でも時々びっくりします。しかし同時に、お土産にこんなに時間・労力・お金をかけているということは、相手への気持ちも「ほんの」ではなく、かなり込められているのだなあと思うと、ちょっと胸が熱くなりますよね。

練習問題

1 音声を聞いて、中国語で書きとり本文の内容と一致するものに「○」、一致しないものに「×」をつけなさい。

(1) ＿＿＿＿＿＿＿＿＿＿＿＿＿＿＿＿　(　　)

(2) ＿＿＿＿＿＿＿＿＿＿＿＿＿＿＿＿　(　　)

(3) ＿＿＿＿＿＿＿＿＿＿＿＿＿＿＿＿　(　　)

(4) ＿＿＿＿＿＿＿＿＿＿＿＿＿＿＿＿　(　　)

2 下記の中から適切な単語を（　　）内に入れて、完成させた文を日本語に訳しなさい。

①由于	②愿意	③这么	④不管	⑤仍然
yóuyú	yuànyì	zhème	bùguǎn	réngrán

(1) 今天怎么（　　　　　　）热呢?
Jīntiān zěnme(　　　　　　)rè ne?
日本語訳：＿＿＿＿＿＿＿＿＿＿＿＿＿＿＿＿

(2) （　　　　　　）怎么说，你也有责任。
(　　　　　　)zěnme shuō, nǐ yě yǒu zérèn.
日本語訳：＿＿＿＿＿＿＿＿＿＿＿＿＿＿＿＿

(3) （　　　　　　）价格太贵，所以我没买。
(　　　　　　)jiàgé tài guì, suǒyǐ wǒ méi mǎi.
日本語訳：＿＿＿＿＿＿＿＿＿＿＿＿＿＿＿＿

(4) 大气污染问题（　　　　　　）很严重。
Dàqì wūrǎn wèntí(　　　　　　)hěn yánzhòng.
日本語訳：＿＿＿＿＿＿＿＿＿＿＿＿＿＿＿＿

(5) 我不（　　　　　　）跟他说话。
Wǒ bú(　　　　　　)gēn tā shuō huà.
日本語訳：＿＿＿＿＿＿＿＿＿＿＿＿＿＿＿＿

3 日本語に合うように、(　　) 内の語句を並べ替えなさい。

(1) これは別に深刻な問題ではないと思います。

这 (并 / 大问题 / 不是 / 一个)。 ________________

Zhè bìng dà wèntí bú shì yí ge

(2) このミルクティーが特に人気があります。

这种 (受 / 尤其 / 欢迎 / 奶茶)。 ________________

Zhèi zhǒng shòu yóuqí huānyíng nǎichá

(3) あなたはどうしてこんなに旅行が好きなのですか。

你 (这么 / 怎么 / 旅游 / 爱 / 呢)? ________________

Nǐ zhème zěnme lǚyóu ài ne

(4) あなたはそのうちきっと分かりますよ。

你 (以后 / 会 / 的 / 明白 / 一定)。 ________________

Nǐ yǐhòu huì de míngbai yídìng

4 この課の文法ポイントを活用して、以下の日本語を中国語に訳しなさい。(カッコ内の語句はヒントです)

(1) 外国語を勉強するのは決して難しくありません。

____

(2) 彼女はきっと怒るでしょう。(怒る：生气 shēngqì)

____

(3) これは事実ではなくて嘘だ。(事実：事实 shìshí　嘘：谎言 huǎngyán)

____

第二课 中国人为什么不习惯分开付账？

カップルがデートする時でも割り勘をすると聞いたら、多くの中国人はびっくりするでしょう。中国では割り勘の文化はなく、みんなで食事をする場合、誰かがまとめて払うのが一般的です。時代の変化につれて、特に若い世代の間では割り勘をする人も多くなってきましたが、まだ主流ではないようです。

DL 07
CD 1-07

在 日本，朋友们 在 外面 一起 吃 饭 的 时候，
Zài Rìběn, péngyoumen zài wàimiàn yìqǐ chī fàn de shíhou,

大多数 情况 是 各 付 各 的[1]，或者[2] 平均 分摊[3]。可
dàduōshù qíngkuàng shì gè fù gè de, huòzhě píngjūn fēntān. Kě

许多[4] 中国人 觉得[5]，这样 显得[6] 有些 “小气[7]”。既然[8] 是
xǔduō Zhōngguórén juéde, zhèyàng xiǎnde yǒuxiē “xiǎoqì”. Jìrán shì

新出語句

DL 06
CD 1-06

1 各付各的 gè fù gè de：別々に支払う　2 或者 huòzhě：あるいは
3 分摊 fēntān：（費用を）分担する　4 许多 xǔduō：たくさん
5 觉得 juéde：～と感じる、～と思う　6 显得 xiǎnde：～のように見える、～が目立つ
7 小气 xiǎoqì：けち臭い　8 既然 jìrán：～である以上、～したからには、～なら（→文法ポイント 1）

朋友，一起出来吃饭，为什么要分得这么细[9]
péngyou, yìqǐ chūlai chī fàn, wèi shénme yào fēnde zhème xì

呢？
ne?

在中国，朋友聚餐[10]时，由[11]一个人来买单[12]的
Zài Zhōngguó, péngyou jùcān shí, yóu yí ge rén lái mǎidān de

情况比较普遍。你一定会想：这样的话[13]，负担
qíngkuàng bǐjiào pǔbiàn. Nǐ yídìng huì xiǎng : Zhèyàng dehuà, fùdān

太重了，谁愿意买单呢？的确[14]，特别[15]是人数多
tài zhòng le, shéi yuànyì mǎidān ne? Díquè, tèbié shì rénshù duō

的时候，请客[16]的人要付很多钱。但尽管
de shíhou, qǐngkè de rén yào fù hěn duō qián. Dàn jǐnguǎn

如此[17]，许多中国人也不愿意分开[18]付账[19]。这是为
rúcǐ, xǔduō Zhōngguórén yě bú yuànyì fēnkāi fùzhàng. Zhè shì wèi

什么呢？
shénme ne?

DL 08
CD 1-08

我认为[20]，主要有两个原因。第一，不少
Wǒ rènwéi, zhǔyào yǒu liǎng ge yuányīn. Dì yī, bù shǎo

中国人爱面子[21]，讲排场[22]。他们觉得，请客显得
Zhōngguórén ài miànzi, jiǎng páichang. Tāmen juéde, qǐngkè xiǎnde

9 细 xì：細かい　10 聚餐 jùcān：会食する　11 由～来… yóu ～ lái：～よって…する（動作主を導く）
12 买单 mǎidān：勘定を払う　13 的话 dehuà：～ということなら　14 的确 díquè：確かに
15 特别 tèbié：とりわけ、特に　16 请客 qǐngkè：奢る、ご馳走する
17 尽管如此 jǐnguǎn rúcǐ：それにもかかわらず、それなのに（→文法ポイント 2）
18 分开 fēnkāi：分ける、別々にする　19 付账 fùzhàng：支払う、勘定を払う
20 认为 rènwéi：～と考える、～と思う　21 爱面子 ài miànzi：体裁にこだわる、メンツを重んじる
22 讲排场 jiǎng páichang：見栄を張る、派手好みだ

生活 富裕，景气 良好；而[23] 大家“凑钱[24]”付账，就 有些
shēnghuó fùyù, jǐngqì liánghǎo ; ér dàjiā “còuqián” fùzhàng, jiù yǒuxiē

贫困 萧条[25] 的 感觉。第 二，很 多 中国人 觉得，
pínkùn xiāotiáo de gǎnjué. Dì èr, hěn duō Zhōngguórén juéde,

朋友 之间 不 需要 分得 太 清楚[26]，当场[27] 清算 会
péngyou zhījiān bù xūyào fēnde tài qīngchu, dāngchǎng qīngsuàn huì

伤害[28] 感情。与 以上 两 点 相反[29]，大多 日本人 不
shānghài gǎnqíng. Yǔ yǐshàng liǎng diǎn xiāngfǎn, dàduō Rìběnrén bú

愿意 显示[30] 自己。同时，让 别人 破费[31] 会 觉得 过意不去[32]，
yuànyì xiǎnshì zìjǐ. Tóngshí, ràng biérén pòfèi huì juéde guòyìbuqù,

也 不 愿意 欠 人情[33]，所以 日本人 更 愿意 分开 付账。
yě bú yuànyì qiàn rénqíng, suǒyǐ Rìběnrén gèng yuànyì fēnkāi fùzhàng.

那么，至于[34] 由 谁 来 买单，要 视[35] 情况 而 定。
Nàme, zhìyú yóu shéi lái mǎidān, yào shì qíngkuàng ér dìng.

不过，基本上 是 轮流[36] 请客。所以 总 的 来 看[37]，也 是
Búguò, jīběnshang shì lúnliú qǐngkè. Suǒyǐ zǒng de lái kàn, yě shì

比较 公平 的。你 觉得 哪 种 方式 更 好 呢？
bǐjiào gōngpíng de. Nǐ juéde něi zhǒng fāngshì gèng hǎo ne?

23 **而** ér：ところが；一方（逆接を表す） 24 **凑钱** còuqián：お金を集める、お金を出しあう
25 **萧条** xiāotiáo：不景気だ、不況だ 26 **清楚** qīngchu：はっきりしている 27 **当场** dāngchǎng：その場で
28 **伤害** shānghài：傷つける、害する 29 **相反** xiāngfǎn：逆に、一方、それに対して（→文法ポイント 3）
30 **显示** xiǎnshì：ひけらかす、浮かび出る 31 **破费** pòfèi：お金を使う、散財する
32 **过意不去** guòyìbuqù：すまなく思う、恐縮に思う 33 **欠人情** qiàn rénqíng：借りを作る
34 **至于** zhìyú：〜に至っては、〜はというと 35 **视〜而定** shì 〜 ér dìng：〜によって決まる、〜次第
36 **轮流** lúnliú：順番に 37 **总的来看** zǒng de lái kàn：総体的に見れば

文法のポイント

DL 09
CD 1-09

1 既然　～である以上、～したからには、～なら

よく"就"などの副詞とセットで使われることが多い。

① 我既然答应了，就一定会办到。　答应：承諾する、約束する　办到：成し遂げる
Wǒ jìrán dāying le, jiù yídìng huì bàndào.

② 既然你们都同意，那我也不反对。Jìrán nǐmen dōu tóngyì, nà wǒ yě bù fǎnduì.

③ 既然你不愿意，我就不勉强你了。　勉强：無理強いする
Jìrán nǐ bú yuànyì, wǒ jiù bù miǎnqiǎng nǐ le.

2 尽管　～にもかかわらず…、～だけれども（しかし…）

"可"や"也"などとセットで使われることが多い。

① 我尽管心里不高兴，可没有表现出来。
Wǒ jǐnguǎn xīn li bù gāoxìng, kě méiyou biǎoxiànchūlai.

② 那时尽管很穷，可一家人过得很愉快。　穷：貧乏だ
Nà shí jǐnguǎn hěn qióng, kě yì jiā rén guòde hěn yúkuài.

③ 他尽管很有钱，也从来不乱花。　从来：これまで（～したことがない）　乱花：無駄遣いする
Tā jǐnguǎn hěn yǒu qián, yě cónglái bú luàn huā.

3 相反　逆に、一方、それに対して

"和～相反"や"与～相反"の形で「～と逆に」という意味を表す。単独で使うこともできます。

① 和姐姐相反，妹妹的性格比较内向。
Hé jiějie xiāngfǎn, mèimei de xìnggé bǐjiào nèixiàng.

② 失败不是坏事，相反，是向成功迈进了一步。　迈进：邁進する、進む
Shībài bú shì huàishì, xiāngfǎn, shì xiàng chénggōng màijìnle yí bù.

③ 适度的休息不会影响工作，相反还会提高效率。　适度：適度の　提高：高める
Shìdù de xiūxi bú huì yǐngxiǎng gōngzuò, xiāngfǎn hái huì tígāo xiàolǜ.

李さんのつぶやき

北京ではじめて日本人の友達と食事をした時のことです。ホスト側として"请客"するのが当然だと思ってまとめて払ったけれど、その後断固反対されて、1元単位でぴったり半分返されました。フラれたような悲しい気持ちが今でも忘れられません。あの時以来20年も経ち、割り勘にはだいぶ慣れてきました。勘定のことは気にせずに思う存分宴会を楽しめるので、今はむしろ割り勘に感謝しています。

練習問題

DL 10
CD 1-10

1 音声を聞いて、中国語で書きとり、本文の内容と一致するものに「○」、一致しないものに「×」をつけなさい。

(1) ＿＿＿＿＿＿＿＿＿＿＿＿＿＿＿＿ (　　)

(2) ＿＿＿＿＿＿＿＿＿＿＿＿＿＿＿＿ (　　)

(3) ＿＿＿＿＿＿＿＿＿＿＿＿＿＿＿＿ (　　)

(4) ＿＿＿＿＿＿＿＿＿＿＿＿＿＿＿＿ (　　)

2 下記の中から適切な単語を（　　）内に入れて、完成させた文を日本語に訳しなさい。

①显得	②或者	③至于	④的确	⑤觉得
xiǎnde	huòzhě	zhìyú	díquè	juéde

(1) 我打算八月（　　　　　　）九月去旅游。
Wǒ dǎsuan bā yuè(　　　　　　)jiǔ yuè qù lǚyóu.
日本語訳：＿＿＿＿＿＿＿＿＿＿＿＿＿＿＿＿

(2) 她五十多岁了，但（　　　　　　）很年轻。
Tā wǔshí duō suì le, dàn(　　　　　　)hěn niánqīng.
日本語訳：＿＿＿＿＿＿＿＿＿＿＿＿＿＿＿＿

(3) 他说得（　　　　　　）很有道理。
Tā shuōde(　　　　　　)hěn yǒu dàolǐ.
日本語訳：＿＿＿＿＿＿＿＿＿＿＿＿＿＿＿＿

(4) 你（　　　　　　）这个电影怎么样?
Nǐ(　　　　　　)zhèige diànyǐng zěnmeyàng?
日本語訳：＿＿＿＿＿＿＿＿＿＿＿＿＿＿＿＿

(5)（　　　　　　）价钱，还可以商量。　　商量：相談する
(　　　　　　)jiàqián, hái kěyǐ shāngliang.
日本語訳：＿＿＿＿＿＿＿＿＿＿＿＿＿＿＿＿

3 日本語に合うように、(　　) 内の語句を並べ替えなさい。

(1) 彼のことを愛していないなら、さっさと別れなさい。

你 (爱 / 既然 / 不 / 他), 就早点儿分手吧。

Nǐ (ài / jìrán / bù / tā), jiù zǎo diǎnr fēnshǒu ba.

(2) 彼は毎回出席しているけれど、いつも授業で寝ている。

他 (尽管 / 出席 / 都 / 每次), 可经常上课睡觉。

Tā (jǐnguǎn / chūxí / dōu / měicì), kě jīngcháng shàngkè shuìjiào.

(3) 全体的に見れば、期末テストの成績はまあまあ良かった。

(看 / 来 / 总的), 期末考试的成绩还可以。

(kàn / lái / zǒng de), qīmò kǎoshì de chéngjì hái kěyǐ.

(4) この仕事は誰が担当していますか。

这个工作 (来 / 谁 / 由 / 负责)?

Zhèige gōngzuò (lái / shéi / yóu / fùzé)?

4 この課の文法ポイントを活用して、以下の日本語を中国語に訳しなさい。(カッコ内の語句はヒントです)

(1) 言いたくないなら、私はもう聞かないことにする。

(2) 給料は高くないけれど、しかし仕事がとても楽しい。
(給料：工资 gōngzī　楽しい：开心 kāixīn)

(3) 日本と逆に、中国では、電車の中で電話をしても問題ない。

第三课 中国人为什么说话声音大？

「中国人は声が大きい」という印象を持っている人は少なくないようです。確かに観光地など中国人が多くいる場所では、喧嘩でもしているのかと思うくらい「元気な」中国語がよく耳に飛んできますね。やはり中国人には声が大きい人が多いのでしょうか。もしそうだとしたら、それはなぜでしょうか。

DL 12
CD 1-12

哪 国 人 说话 声音 大？ 我 觉得 这 很 难 单纯
Nǎ guó rén shuōhuà shēngyīn dà? Wǒ juéde zhè hěn nán dānchún

比较。 人 在 不同 场合[1]， 不同 心情[2] 时， 说话 声音
bǐjiào. Rén zài bùtóng chǎnghé, bùtóng xīnqíng shí, shuōhuà shēngyīn

自然 也 不同。 日本 的确 是 一 个 安静 祥和[3] 的
zìrán yě bùtóng. Rìběn díquè shì yí ge ānjìng xiánghé de

新出語句

DL 11
CD 1-11

1 场合 chǎnghé：場面、場合
2 心情 xīnqíng：気持ち、気分
3 祥和 xiánghé：穏やかだ

国家，　但　也　有　热闹　嘈杂[4]　的　时候。　看到　在　小酒馆[5]
guójiā,　dàn　yě　yǒu　rènao　cáozá　de　shíhou.　Kàndào　zài　xiǎojiǔguǎn

喝　酒　的　工薪族[6]，　聚[7]在　一起　聊天[8]　的　大妈[9]们　时，　我
hē　jiǔ　de　gōngxīnzú,　jùzài　yìqǐ　liáotiān　de　dàmāmen　shí,　wǒ

觉得　日本人　的　声音　也　不　小。
juéde　Rìběnrén　de　shēngyīn　yě　bù　xiǎo.

到　国外　旅游　的　中国　游客，　对　一切[10]　都　感到[11]　新鲜
Dào　guówài　lǚyóu　de　Zhōngguó　yóukè,　duì　yíqiè　dōu　gǎndào　xīnxiān

和　兴奋[12]。　特别　是　人数　较　多　的　旅游团[13]，　就　更　难
hé　xīngfèn.　Tèbié　shì　rénshù　jiào　duō　de　lǚyóutuán,　jiù　gèng　nán

控制[14]　音量　了。　而　这　对[15]　不　懂　中文　的　日本人　来
kòngzhì　yīnliàng　le.　Ér　zhè　duì　bù　dǒng　Zhōngwén　de　Rìběnrén　lái

说，　会　觉得　他们　的　声音　很　刺耳[16]。　所谓[17]　“入　乡　随
shuō,　huì　juéde　tāmen　de　shēngyīn　hěn　cì'ěr.　Suǒwèi　“rù　xiāng　suí

俗[18]”，　在　别人　的　国家，　就　应该　遵守　当地[19]　的　规则。
sú”,　zài　biérén　de　guójiā,　jiù　yīnggāi　zūnshǒu　dāngdì　de　guīzé.

中国　游客　要　注意　这　一　点，　不　应该　给　人家[20]　添
Zhōngguó　yóukè　yào　zhùyì　zhè　yì　diǎn,　bù　yīnggāi　gěi　rénjia　tiān

麻烦[21]。
máfan.

4 **嘈杂** cáozá：騒がしい　5 **小酒馆** xiǎojiǔguǎn：居酒屋　6 **工薪族** gōngxīnzú：サラリーマン
7 **聚** jù：集まる　8 **聊天** liáotiān：お喋りをする　9 **大妈** dàmā：おばさん　10 **一切** yíqiè：全て、全部
11 **感到** gǎndào：感じる　12 **兴奋** xīngfèn：わくわくする　13 **旅游团** lǚyóutuán：旅行ツアー
14 **控制** kòngzhì：コントロールする　15 **对～来说** duì ～ lái shuō：～にとっては（→文法ポイント1）
16 **刺耳** cì'ěr：耳ざわりだ　17 **所谓** suǒwèi：いわゆる　18 **入乡随俗** rù xiāng suí sú：郷にいれば郷に従え
19 **当地** dāngdì：地元　20 **人家** rénjia：人様　21 **添麻烦** tiān máfan：迷惑をかける

DL 13
CD 1-13

其实， 中国人 也 不 是 不 懂 “入 乡 随 俗” 这个
Qíshí, Zhōngguórén yě bú shì bù dǒng “rù xiāng suí sú” zhèige

道理。 他们 只 是 不 了解 日本人 的 “常识”。 在 日本，
dàolǐ. Tāmen zhǐ shì bù liǎojiě Rìběnrén de “chángshí”. Zài Rìběn,

在 电车 内 等 公共 场所， 一般 应该 保持 安静[22]，
zài diànchē nèi děng gōnggòng chǎngsuǒ, yìbān yīnggāi bǎochí ānjìng,

所以 在 电车 里 打 电话 的 人 很 少。 而 在 中国，
suǒyǐ zài diànchē li dǎ diànhuà de rén hěn shǎo. Ér zài Zhōngguó,

只要[23] 不 是 大声 喧哗[24]， 在 公共 场所 聊聊 天， 打打
zhǐyào bú shì dàshēng xuānhuá, zài gōnggòng chǎngsuǒ liáoliao tiān, dǎda

电话 是 没有 问题 的。 所以 一些 不 了解 日本
diànhuà shì méiyou wèntí de. Suǒyǐ yìxiē bù liǎojiě Rìběn

情况 的 中国人， 在 无意 之 中[25] 添了 麻烦。
qíngkuàng de Zhōngguórén, zài wúyì zhī zhōng tiānle máfan.

每 个 国家 的 常识 和 习惯 都 有 不同， 如果[26]
Měi ge guójiā de chángshí hé xíguàn dōu yǒu bùtóng, rúguǒ

互相 不 了解， 就 容易[27] 产生[28] 误会[29]。 你 有过 类似[30]
hùxiāng bù liǎojiě, jiù róngyì chǎnshēng wùhuì. Nǐ yǒuguo lèisì

的 经历[31] 吗？
de jīnglì ma?

22 安静 ānjìng：静かだ
23 只要 zhǐyào：～さえすれば、～でさえあれば（→文法ポイント 2）
24 喧哗 xuānhuá：騒ぐ　25 无意之中 wúyì zhī zhōng：無意識のうちに
26 如果 rúguǒ：もしも（→文法ポイント 3）　27 容易 róngyì：～しやすい
28 产生 chǎnshēng：生じる、起きる　29 误会 wùhuì：誤解
30 类似 lèisì：類似する、同じようだ　31 经历 jīnglì：経験する、経験

文法のポイント

DL 14
CD 1-14

1 对～来说　～にとって

“对（于）～来说”や“对（于）～来讲”などの形で使われることもあります。

① 这个菜对我来说一点儿也不辣。 Zhèige cài duì wǒ lái shuō yìdiǎnr yě bú là.

② 对于他来说，这些钱不算什么。　不算什么：大したことない
Duìyú tā lái shuō, zhèixiē qián bú suàn shénme.

③ 对现代人来说，网络是必不可少的。　网络：インターネット　必不可少：不可欠だ
Duì xiàndàirén lái shuō, wǎngluò shì bì bù kě shǎo de.

2 只要　～さえすれば…、～でさえあれば

必要な最低条件を表します。“就”とセットで使われることが多いです。

① 只要尽全力，就不会后悔。 Zhǐyào jìn quánlì, jiù bú huì hòuhuǐ.

② 只要花时间，谁都能学好外语。　花：（時間や金銭を）費やす
Zhǐyào huā shíjiān, shéi dōu néng xuéhǎo wàiyǔ.

③ 只要一家人平安健康，就是最大的幸福。
Zhǐyào yì jiā rén píng'ān jiànkāng, jiù shì zuì dà de xìngfú.

3 如果～就…　もし～ならば…

仮定を表します。“要是～就…”の形で使われることもよくあります。

① 如果一天有三十个小时就好了。
Rúguǒ yì tiān yǒu sānshí ge xiǎoshí jiù hǎo le.

② 如果中了彩票，我就去周游世界。　中彩票：宝くじに当たる
Rúguǒ zhòngle cǎipiào, wǒ jiù qù zhōuyóu shìjiè.

③ 你要是不尊敬别人，别人就不会尊敬你。
Nǐ yàoshi bù zūnjìng biérén, biérén jiù bú huì zūnjìng nǐ.

李さんのつぶやき

息子（小6）は時々友達を呼んで家でゲームをします。みんな楽しく遊んでいるのはいいのですが、さすがに小学生が4、5人集まるとかなり騒がしいので、この前、「近所迷惑にならないように声を小さくして」と注意しました。しかし、妻（日本人）は逆に「戸建だしそんなに聞こえないでしょうから大丈夫なんじゃない？」と言いました。声の大きさとその感じ方に関して、我が家ではどうも国籍と関係ないようです。

練習問題

1 音声を聞いて、中国語で書きとり、本文の内容と一致するものに「○」、一致しないものに「×」をつけなさい。

(1) ＿＿＿＿＿＿＿＿＿＿＿＿＿＿＿＿ (　　)

(2) ＿＿＿＿＿＿＿＿＿＿＿＿＿＿＿＿ (　　)

(3) ＿＿＿＿＿＿＿＿＿＿＿＿＿＿＿＿ (　　)

(4) ＿＿＿＿＿＿＿＿＿＿＿＿＿＿＿＿ (　　)

2 下記の中から適切な単語を（　　）内に入れて、完成させた文を日本語に訳しなさい。

①一切	②容易	③所谓	④互相	⑤产生
yíqiè	róngyì	suǒwèi	hùxiāng	chǎnshēng

(1) 我们应该（　　　　　　）帮助。
Wǒmen yīnggāi (　　　　　　) bāngzhù.
日本語訳：＿＿＿＿＿＿＿＿＿＿＿＿＿＿＿＿

(2) 我做的（　　　　　　）都是为了你。　　为了：～のため
Wǒ zuò de (　　　　　　) dōu shì wèile nǐ.
日本語訳：＿＿＿＿＿＿＿＿＿＿＿＿＿＿＿＿

(3) 他最近对中文歌（　　　　　　）了兴趣。　　兴趣：興味
Tā zuìjìn duì Zhōngwén gē (　　　　　　) le xìngqù.
日本語訳：＿＿＿＿＿＿＿＿＿＿＿＿＿＿＿＿

(4) 天津并没有（　　　　　　）的“天津饭”。
Tiānjīn bìng méiyou (　　　　　　) de “tiānjīnfàn”.
日本語訳：＿＿＿＿＿＿＿＿＿＿＿＿＿＿＿＿

(5) 他的解说很（　　　　　　）理解。
Tā de jiěshuō hěn (　　　　　　) lǐjiě.
日本語訳：＿＿＿＿＿＿＿＿＿＿＿＿＿＿＿＿

3 日本語に合うように、(　　) 内の語句を並べ替えなさい。

(1) この問題は子どもにとって難しすぎます。

这个问题 (来 / 对 / 说 / 孩子) 太难了。

Zhèige wèntí (lái / duì / shuō / háizi) tài nán le.

____

(2) 日本人は人に迷惑をかけたくありません。

日本人 (愿意 / 别人 / 给 / 不) 添麻烦。

Rìběnrén (yuànyì / biérén / gěi / bù) tiān máfan.

____

(3) 君が幸せなら、僕も幸せです。

只要你幸福，(就 / 幸福 / 我)。

Zhǐyào nǐ xìngfú, (jiù / xìngfú / wǒ).

____

(4) もし時間があれば、必ず参加します。

(时间 / 有 / 如果)，我就一定参加。

(shíjiān / yǒu / rúguǒ), wǒ jiù yídìng cānjiā.

____

4 この課の文法ポイントを活用して、以下の日本語を中国語に訳しなさい。(カッコ内の語句はヒントです)

(1) あなたにとって、幸せは何ですか。

____

(2) 他の人に迷惑さえかけなければ、問題ありません。

____

(3) もし本当に彼女のことが好きなら、告白しなさいよ。

(本当に：真的 zhēnde　告白する：表白 biǎobái)

____

第四课　为什么不懂礼仪的中国人很多？

前の課を習って、どうして中国人は声が大きいかについて多少理解していただけたかと思います。しかし、「ゴミをポイ捨てする」「禁煙区で喫煙する」「バイキングで我先に食べ物を取って結局残す」など、中国人にとって不名誉なこともよく耳にしますね。どうしてマナーが悪い中国人が多いのでしょうか。

DL 17
CD 1-17

如[1] 大家 看到 的 和 听到 的 一样，中国 游客 中，
Rú dàjiā kàndào de hé tīngdào de yíyàng, Zhōngguó yóukè zhōng,

不 少 人 的 行为 不 太 文明[2]。对此[3]，不光[4] 当地 人，
bù shǎo rén de xíngwéi bú tài wénmíng. Duìcǐ, bùguāng dāngdì rén,

连[5] 很 多 中国人 也 觉得 十分[6] 反感。那么，为什么
lián hěn duō Zhōngguórén yě juéde shífēn fǎngǎn. Nàme, wèi shénme

新出語句

DL 16
CD 1-16

[1] 如～一样 rú ～ yíyàng：～のように、～のとおり
[2] 文明 wénmíng：文明的だ、道徳的だ　[3] 对此 duìcǐ：これに対して
[4] 不光 bùguāng：～だけでなく　[5] 连～也… lián ～ yě…：～さえも… (→文法ポイント 1)
[6] 十分 shífēn：非常に

不懂[7]礼仪[8]的中国人很多呢？
bù dǒng lǐyí de Zhōngguórén hěn duō ne?

除了[9]以前说过的“常识与文化的差异[10]”之外，
Chúle yǐqián shuōguo de “chángshí yǔ wénhuà de chāyì” zhīwài,

我认为，还有以下几个主要原因。第一，政治
wǒ rènwéi, hái yǒu yǐxià jǐ ge zhǔyào yuányīn. Dì yī, zhèngzhì

运动造成[11]的影响。在不懂礼仪的中国人中，
yùndòng zàochéng de yǐngxiǎng. Zài bù dǒng lǐyí de Zhōngguórén zhōng,

与[12]年轻人相比，中年以上的人更多。这些人
yǔ niánqīngrén xiāngbǐ, zhōngnián yǐshàng de rén gèng duō. Zhèixiē rén

年轻的时候，中国正在大[13]搞[14]政治运动，所以
niánqīng de shíhou, Zhōngguó zhèngzài dà gǎo zhèngzhì yùndòng, suǒyǐ

很多人受到影响，没有受过良好的教育。
hěn duō rén shòudào yǐngxiǎng, méiyou shòuguo liánghǎo de jiàoyù.

第二，社会环境[15]的影响。在中国经济飞速
Dì èr, shèhuì huánjìng de yǐngxiǎng. Zài Zhōngguó jīngjì fēisù

发展的同时，贫富分化[16]也成为一个严重的
fāzhǎn de tóngshí, pínfù fēnhuà yě chéngwéi yí ge yánzhòng de

问题。此外[17]，虽然政府也在努力，但贪污[18]腐败
wèntí. Cǐwài, suīrán zhèngfǔ yě zài nǔlì, dàn tānwū fǔbài

7 **懂** dǒng：わきまえている、身につけている　8 **礼仪** lǐyí：礼儀、マナー　※“**懂礼仪**”で「マナーがよい」の意味
9 **除了～之外** chúle ～ zhīwài：～を除いて、～のほかに（→文法ポイント 2）　10 **差异** chāyì：相違、差
11 **造成** zàochéng：（悪い結果を）引き起こす、もたらす
12 **与～相比** yǔ ～ xiāngbǐ：～に比べて（→文法ポイント 3）　13 **大** dà：大々的に　14 **搞** gǎo：やる、行う
15 **环境** huánjìng：環境　16 **贫富分化** pínfù fēnhuà：貧富の両極化
17 **此外** cǐwài：そのほか　18 **贪污** tānwū：汚職行為をする

第四课

现象 仍然 大量 存在。因此，金钱 和 权力 压低[19]了
xiànxiàng réngrán dàliàng cúnzài. Yīncǐ, jīnqián hé quánlì yādīle

道德 的 底线[20]，只 顾[21] 自己，不 顾 他人，无视 规则，
dàodé de dǐxiàn, zhǐ gù zìjǐ, bú gù tārén, wúshì guīzé,

唯 利 是 图[22] 的 人 也 变多[23] 了。
wéi lì shì tú de rén yě biànduō le.

DL 18
CD 1-18

另外，2010 年 以后 中国人 才[24] 开始 大量 去 国外
Lìngwài, èrlíngyīlíng nián yǐhòu Zhōngguórén cái kāishǐ dàliàng qù guówài

旅游，很 多 人 是 第 一 次 出国，还 不 习惯。这
lǚyóu, hěn duō rén shì dì yī cì chūguó, hái bù xíguàn. Zhè

也 是 原因 之一。
yě shì yuányīn zhīyī.

不 懂 礼仪 的 中国人 的确 很 多，这 是 一 个
Bù dǒng lǐyí de Zhōngguórén díquè hěn duō, zhè shì yí ge

无法[25] 否认[26] 的 遗憾[27] 的 事实。但是，我们 不 能 光[28]
wúfǎ fǒurèn de yíhàn de shìshí. Dànshì, wǒmen bù néng guāng

下 结论[29]，还 要 考虑[30] 对策。如果 你 是 中国 的
xià jiélùn, hái yào kǎolǜ duìcè. Rúguǒ nǐ shì Zhōngguó de

领导人[31]，你 会 怎么 做？
lǐngdǎorén, nǐ huì zěnme zuò?

19 压低 yādī：低く抑える　20 底线 dǐxiàn：最低ライン　21 顾 gù：かまう、気を配る
22 唯利是图 wéi lì shì tú：ひたすら利益を追求する
23 变多 biànduō：多くなる　24 才 cái：やっと、ようやく　25 无法 wúfǎ：～する方法がない、～できない
26 否认 fǒurèn：否認する　27 遗憾 yíhàn：残念だ　28 光 guāng：～だけ
29 下结论 xià jiélùn：結論を出す　30 考虑 kǎolǜ：考える　31 领导人 lǐngdǎorén：指導者、リーダー

文法のポイント

1 连～也…　～さえも…

極端な例をあげて強調するセットです。“也”は“都”と言い換えられます。

① 他连脸也没洗就出门了。 Tā lián liǎn yě méi xǐ jiù chūmén le. 　出门：出かける

② 街上连一个人也没有。 Jiē shang lián yí ge rén yě méiyou.

③ 学了一年汉语，可连拼音都不会念。
Xuéle yì nián Hànyǔ, kě lián pīnyīn dōu bú huì niàn.

2 除了～之外　～を除いて、～のほかに

“除了”と“之外”のどちらかを省略することがあります。“之外”は“以外”と言い換えられます。

① 除了小张之外，大家都到齐了。　到齐：揃う
Chúle Xiǎo Zhāng zhīwài, dàjiā dōu dàoqí le.

② 除了感冒之外，我什么病都没得过。　得：（病気に）かかる
Chúle gǎnmào zhīwài, wǒ shénme bìng dōu méi déguo.

③ 除了英语以外，你还会说什么外语？
Chúle Yīngyǔ yǐwài, nǐ hái huì shuō shénme wàiyǔ?

3 与～相比　～に比べて

“与”は“跟”や“和”と言い換えることもできます。

① 与结婚前相比，我胖了很多。 Yǔ jiéhūn qián xiāngbǐ, wǒ pàngle hěn duō.　胖：太る

② 与上个月相比，产量增加了百分之十。　产量：生産量
Yǔ shàng ge yuè xiāngbǐ, chǎnliàng zēngjiāle bǎi fēn zhī shí.

③ 不要跟别人相比，要跟昨天的自己相比。
Búyào gēn biérén xiāngbǐ, yào gēn zuótiān de zìjǐ xiāngbǐ.

李さんのつぶやき

大きい声で騒ぐなど、中国人観光客のマナーが悪いという残念な話をよく聞き、中国人として本当に恥ずかしく思います。先日、旅行社で勤めている友人（中国人）と一緒に飲みました。「マナーが悪くて、態度もデカい成金は本当に最低！もうやってられないよ」と愚痴をこぼしながら、友人は中国の白酒をぐいぐい飲んでいました。「ああいう人のせいで、日本で真面目に暮らしている僕たちのイメージも悪くなるから、本当にいい迷惑だよね」と、僕もそう言いながらぐいぐい飲んでいました。白酒がだんだんと効いて、僕たちの声も徐々に大きくなっていきました…

第四课

練習問題

DL 20
CD 1-20

1 音声を聞いて、中国語で書きとり、本文の内容と一致するものに「○」、一致しないものに「×」をつけなさい。

(1) ________________________ (　　)

(2) ________________________ (　　)

(3) ________________________ (　　)

(4) ________________________ (　　)

2 下記の中から適切な単語を（　　）内に入れて、完成させた文を日本語に訳しなさい。

①无法	②对此	③光	④不光	⑤造成
wúfǎ	duìcǐ	guāng	bùguāng	zàochéng

(1) (　　　　　　) 房租就要十万日元。　　房租：家賃
(　　　　　　) fángzū jiù yào shíwàn rìyuán.
日本語訳：________________________

(2) 他（　　　　　　）是歌手，还会作词、作曲。
Tā (　　　　　　) shì gēshǒu, hái huì zuòcí、zuòqǔ.
日本語訳：________________________

(3) 新型病毒的蔓延（　　　　　　）了巨大的危害。　　病毒：ウイルス
Xīnxíng bìngdú de mànyán (　　　　　　) le jùdà de wēihài.
日本語訳：________________________

(4) 这种病目前还（　　　　　　）治疗。　　目前：今、目下　治疗：治療する
Zhèi zhǒng bìng mùqián hái (　　　　　　) zhìliáo.
日本語訳：________________________

(5) (　　　　　　) 你有什么意见？
(　　　　　　) nǐ yǒu shénme yìjiàn?
日本語訳：________________________

3 日本語に合うように、(　　) 内の語句を並べ替えなさい。

(1) 以前に比べて、私は中国語を勉強するのがもっと好きになりました。

(相比 / 以前 / 与)，我更喜欢学汉语了。

(xiāngbǐ / yǐqián / yǔ), wǒ gèng xǐhuan xué Hànyǔ le.

____

(2) 彼女は仕事だけでなく、お年寄りの介護もしなければなりません。

她 (要 / 不光 / 工作)，还要护理老人。　　护理：介護する

Tā (yào / bùguāng / gōngzuò), hái yào hùlǐ lǎorén.

____

(3) ゲーム以外、彼は何に対しても興味がありません。

(游戏 / 之外 / 除了)，他对什么都不感兴趣。

(yóuxì / zhīwài / chúle), tā duì shénme dōu bù gǎn xìngqù.

____

(4) 運転する人はお酒を１口も飲んではいけません。

开车的人 (也 / 连 / 一口酒 / 不能喝)。

Kāichē de rén (yě / lián / yì kǒu jiǔ / bù néng hē).

____

4 この課の文法ポイントを活用して、以下の日本語を中国語に訳しなさい。(カッコ内の語句はヒントです)

(1) この場所は地元の人すら知らないです。(場所：地方 dìfang)

____

(2) 北京のほかに、私は上海にも行ったことがあります。

____

(3) 中国に比べて、日本の電車はとても静かです。

____

第五课　日本人太敏感，还是中国人太钝感？

ある料理を食べて、「辛い！」という人もいれば、「全然辛くないよ」という人もいます。同じ料理なのに、人によって辛さの感じ方が違うのと同じように、日本人と中国人が迷惑行為に対する許容範囲は、どうも違うように思います。「迷惑」について、日本人が敏感なのか、それとも中国人が鈍感なのでしょうか。

DL 22　CD 1-22

电车 是 一 个 小 社会，乘坐[1] 电车 时 能够[2] 体验到 有趣[3] 的 文化。
Diànchē shì yí ge xiǎo shèhuì, chéngzuò diànchē shí nénggòu tǐyàndào yǒuqù de wénhuà.

新出語句

DL 21　CD 1-21

1 乘坐 chéngzuò：乗る　2 能够 nénggòu：できる
3 有趣 yǒuqù：面白い

日本 的 电车 很 安静，同时，人们 对 声音 变得 很
Rìběn de diànchē hěn ānjìng, tóngshí, rénmen duì shēngyīn biànde hěn

敏感。大声 说话、打 电话 自然 不用 说[4]，就 连 耳机[5]
mǐngǎn. Dàshēng shuōhuà、dǎ diànhuà zìrán búyòng shuō, jiù lián ěrjī

中 传出[6] 的 音乐 声，也 会 让 人 感到 不快。
zhōng chuánchū de yīnyuè shēng, yě huì ràng rén gǎndào búkuài.

不光 是 声音，在 电车 里 化妆[7]、吃 东西 也 是
Bùguāng shì shēngyīn, zài diànchē li huàzhuāng、chī dōngxi yě shì

一 种 不 文明 的 行为。另外，占 地方[8] 过[9] 多 也 是
yì zhǒng bù wénmíng de xíngwéi. Lìngwài, zhàn dìfang guò duō yě shì

一 种 “麻烦”。所以，乘客 多 的 时候 不 能 看
yì zhǒng “máfan”. Suǒyǐ, chéngkè duō de shíhou bù néng kàn

报纸 或 杂志，双肩包[10] 要 背[11]在 前面。在 日本 坐
bàozhǐ huò zázhì, shuāngjiānbāo yào bēizài qiánmiàn. Zài Rìběn zuò

电车，这样 的 规矩[12] 的确 不 少。
diànchē, zhèyàng de guīju díquè bù shǎo.

第五课

DL 23
CD 1-23

相比 之下[13]，很 多 中国人 没有 日本人 这么 注意
Xiāngbǐ zhīxià, hěn duō Zhōngguórén méiyou Rìběnrén zhème zhùyì

周围，对于[14] “麻烦” 也 不 太 敏感。人们 在 车 里 打
zhōuwéi, duìyú “máfan” yě bú tài mǐngǎn. Rénmen zài chē li dǎ

4 **不用说** búyòng shuō：言うまでもない、～どころか（→文法ポイント1）
5 **耳机** ěrjī：イヤホン、ヘッドホン　6 **传出** chuánchū：流れ出る
7 **化妆** huàzhuāng：化粧する　8 **占地方** zhàn dìfang：場所を取る
9 **过～** guò ～：～すぎる　10 **双肩包** shuāngjiānbāo：リュックサック
11 **背** bēi：背負う　12 **规矩** guīju：ルール、決まり
13 **相比之下** xiāngbǐ zhīxià：比べてみると　14 **对于** duìyú：～に対して

电话 或 化妆，也 不 太 在意[15] 别人 的 眼光[16]。同时，
diànhuà huò huàzhuāng, yě bú tài zàiyì biérén de yǎnguāng. Tóngshí,

对 别人 的 声音 和 行为 也 不 太 在意。虽然 有些
duì biérén de shēngyīn hé xíngwéi yě bú tài zàiyì. Suīrán yǒuxiē

吵闹[17]，但 心理 上 比较 放松[18]。当然，这 并 不 是 说
chǎonào, dàn xīnlǐ shang bǐjiào fàngsōng. Dāngrán, zhè bìng bú shì shuō

吵闹 是 好 事。很 多 来 日本 旅游 的 中国人，对
chǎonào shì hǎo shì. Hěn duō lái Rìběn lǚyóu de Zhōngguórén, duì

安静 祥和 的 日本 赞 不 绝 口[19]，认为 应该 向[20] 日本 学习。
ānjìng xiánghé de Rìběn zàn bù jué kǒu, rènwéi yīnggāi xiàng Rìběn xuéxí.

总之[21]，关于[22] 坐 电车，我们 也许[23] 可以 这样 说，
Zǒngzhī, guānyú zuò diànchē, wǒmen yěxǔ kěyǐ zhèyàng shuō,

中国人 比较 "宽 以 待 人[24] 及 己"，日本人 则[25] 比较
Zhōngguórén bǐjiào "kuān yǐ dài rén jí jǐ", Rìběnrén zé bǐjiào

"严 以 律 己[26] 及 人"。如果 双方 能够 中和 一下，
"yán yǐ lǜ jǐ jí rén". Rúguǒ shuāngfāng nénggòu zhōnghé yíxià,

做到[27] "严 以 律 己，宽 以 待 人"，人 与 人 就 更
zuòdào "yán yǐ lǜ jǐ, kuān yǐ dài rén", rén yǔ rén jiù gèng

容易 相处[28] 了。你 觉得 呢？
róngyì xiāngchǔ le. Nǐ juéde ne?

15 在意 zàiyì：気にする、気になる　16 眼光 yǎnguāng：視線
17 吵闹 chǎonào：騒々しい　18 放松 fàngsōng：リラックスする
19 赞不绝口 zàn bù jué kǒu：絶賛する　20 向～学习 xiàng ～ xuéxí：～に習う
21 总之 zǒngzhī：とにかく、要するに（→文法ポイント 2）　22 关于 guānyú：～について、～に関して
23 也许 yěxǔ：～かもしれない　24 宽以待人 kuān yǐ dài rén：人に寛容的だ
25 则 zé：～と比較して…は（→文法ポイント 3）　26 严以律己 yán yǐ lǜ jǐ：自分に厳しい
27 做到 zuòdào：（ある状態にまで）する、やり遂げる　28 相处 xiāngchǔ：付き合う

文法のポイント

DL 24
CD 1-24

1 不用说　言うまでもない、～どころか

当然である語気を表す口語表現です。“不用说～”あるいは“～(自然)不用说”などの形で使われます。

① 不用说十个饺子，三十个我也吃得下。　吃得下：食べられる
Búyòng shuō shí ge jiǎozi, sānshí ge wǒ yě chīdexià.

② 不用说小说，他连漫画书都不看。
Búyòng shuō xiǎoshuō, tā lián mànhuàshū dōu bú kàn.

③ 她是模特儿嘛，身材好自然不用说。　模特儿：モデル　身材：スタイル
Tā shì mótèr ma, shēncái hǎo zìrán búyòng shuō.

2 总之　とにかく、要するに

前述の部分を総括したり、結論を述べたりする時に使われる接続詞です。

① 你别再说了，总之我不同意。 Nǐ bié zài shuō le, zǒngzhī wǒ bù tóngyì.

② 这孩子不听话，还常常打架，总之很淘气。　打架：喧嘩する　淘气：腕白だ
Zhè háizi bù tīnghuà, hái chángcháng dǎjià, zǒngzhī hěn táoqì.

③ 吸烟对身体不好，又浪费钱，总之是百害无一利。
Xīyān duì shēntǐ bù hǎo, yòu làngfèi qián, zǒngzhī shì bǎihài wú yí lì.

3 则　～と比較して…は

対比関係を表す接続詞です。書き言葉に使われることが多いです。

① 不断努力的人才会成功，相反则一事无成。　一事无成：何事もできない
Búduàn nǔlì de rén cái huì chénggōng, xiāngfǎn zé yí shì wú chéng.

② 谦虚是美德，但过分谦虚则让人感到不快。　过分：過分に、～すぎる
Qiānxū shì měidé, dàn guòfèn qiānxū zé ràng rén gǎndào búkuài.

③ 参加婚礼要系白领带，参加葬礼则要系黑领带。　系领带：ネクタイを締める
Cānjiā hūnlǐ yào jì bái lǐngdài, cānjiā zànglǐ zé yào jì hēi lǐngdài.

李さんのつぶやき

「大雨の影響により電車が遅れまして、ご迷惑をおかけしております。誠に申し訳ございません。」のようなお詫びは不要だと思うのは僕だけでしょうか。あなたは雨を降らせた神様のつもりか！と返したくなります。また、こっちは語学のラジオ講座を聞いているのに、空調の使用状況の案内など過剰なアナウンスを聞かされて本当に迷惑…あれ、迷惑迷惑って、自分の日本人化が進んでいるということかな。

第五课

練習問題

1 音声を聞いて、中国語で書きとり、本文の内容と一致するものに「○」、一致しないものに「×」をつけなさい。

(1) ______________________ (　　)

(2) ______________________ (　　)

(3) ______________________ (　　)

(4) ______________________ (　　)

2 下記の中から適切な単語を（　　）内に入れて、完成させた文を日本語に訳しなさい。

①能够	②在意	③放松	④关于	⑤也许
nénggòu	zàiyì	fàngsōng	guānyú	yěxǔ

(1) 别紧张，（　　　　　　）一点儿。
Bié jǐnzhāng,（　　　　　　）yìdiǎnr.
日本語訳：______________________

(2)（　　　　　　）这件事，我什么都不知道。
（　　　　　　）zhèi jiàn shì, wǒ shénme dōu bù zhīdào.
日本語訳：______________________

(3) 她总是很（　　　　　　）自己的体重。　　总是：いつも
Tā zǒngshì hěn（　　　　　　）zìjǐ de tǐzhòng.
日本語訳：______________________

(4) 对你来说，这（　　　　　　）并不重要。
Duì nǐ lái shuō, zhè（　　　　　　）bìng bú zhòngyào.
日本語訳：______________________

(5) 我相信，你的梦想一定（　　　　　　）实现。　　梦想：夢、理想
Wǒ xiāngxìn, nǐ de mèngxiǎng yídìng（　　　　　　）shíxiàn.
日本語訳：______________________

❸ 日本語に合うように、(　　) 内の語句を並べ替えなさい。

(1) 彼はもうこのことを知っているかもしれません。

他 (已经 / 知道 / 也许) 这件事了。

Tā (yǐjīng / zhīdào / yěxǔ) zhèi jiàn shì le.

____

(2) 明日以降なら問題ありません。とにかく今日はだめです。

明天以后都没问题，(今天 / 不行 / 总之)。

Míngtiān yǐhòu dōu méi wèntí, (jīntiān / bùxíng / zǒngzhī).

____

(3) 英語は当然言うまでもありません。彼女はフランス語もスペイン語も話せます。

(不用说 / 自然 / 英语)，她还会说法语和西班牙语。　西班牙语：スペイン語

(búyòng shuō / zìrán / Yīngyǔ), tā hái huì shuō Fǎyǔ hé Xībānyáyǔ.

____

(4) 雨天の場合、運動会は来週に延期します。

如果下雨，运动会 (到 / 延期 / 则 / 下星期)。

Rúguǒ xià yǔ, yùndònghuì (dào / yánqī / zé / xià xīngqī).

____

❹ この課の文法ポイントを活用して、以下の日本語を中国語に訳しなさい。(カッコ内の語句はヒントです)

(1) とにかく私は今まだ結婚したくありません。

____

(2) 結婚どころか、僕は彼女すらいませんよ。

____

(3) 恋愛は感性が理性に勝った結果であり、結婚は理性が感性に勝った結果です。

(感性：感性 gǎnxìng　理性：理性 lǐxìng　勝つ：战胜 zhànshèng　結果：结果 jiéguǒ)

____

第六课 为什么中国的仿冒产品这么多？

Panasonic と Panasonio、adidas と abibas、違いはすぐわかりますか。また、人に思わず失笑させてしまうような、どこかおかしいドラえもんやミッキーマウスなどのキャラクターのパクリも見かけたことがあるでしょう。どうして中国にはパクリ商品が多いのでしょうか。

DL 27
CD 1-27

盗取[1] 别人 的 创意[2] 和 设计[3]， 制造 仿冒[4] 产品， 这
Dàoqǔ biérén de chuàngyì hé shèjì, zhìzào fǎngmào chǎnpǐn, zhè

当然 不 是 什么 光彩[5] 的 事情。 那么， 为 什么 仿冒
dāngrán bú shì shénme guāngcǎi de shìqing. Nàme, wèi shénme fǎngmào

产品 像[6] "打 鼹鼠[7]" 一样 屡 禁 不 止[8] 呢？ 我 认为
chǎnpǐn xiàng "dǎ yǎnshǔ" yíyàng lǚ jìn bù zhǐ ne? Wǒ rènwéi

新出語句

DL 26
CD 1-26

1 **盗取** dàoqǔ：盗み取る　2 **创意** chuàngyì：創意工夫、アイディア　3 **设计** shèjì：デザイン
4 **仿冒** fǎngmào：模造する、パクる　※"仿冒产品"は「パクリ商品」の意味
5 **光彩** guāngcǎi：光栄だ、鼻が高い　6 **像～一样** xiàng ~ yíyàng：まるで～のようだ（→文法ポイント1）
7 **鼹鼠** yǎnshǔ：モグラ　8 **屡禁不止** lǚ jìn bù zhǐ：後を絶たない

主要 有 以下 几 个 原因。
zhǔyào yǒu yǐxià jǐ ge yuányīn.

首先[9]，“鼹鼠” 太 多。 随着[10] 贫富 分化 加剧[11]， 拜金
Shǒuxiān, “yǎnshǔ” tài duō. Suízhe pínfù fēnhuà jiājù, bàijīn

主义者 越 来 越 多。 为了 获取[12] 眼前[13] 的 利益， 仿冒
zhǔyìzhě yuè lái yuè duō. Wèile huòqǔ yǎnqián de lìyì, fǎngmào

是 最 快 的 方法 之一。 另外， 知识 产权[14] 的 意识 在
shì zuì kuài de fāngfǎ zhīyī. Lìngwài, zhīshi chǎnquán de yìshi zài

中国 渗透得[15] 不 够[16]， 所以 制造 和 购买 仿冒 产品 的
Zhōngguó shèntòude bú gòu, suǒyǐ zhìzào hé gòumǎi fǎngmào chǎnpǐn de

罪恶感 不 太 强。
zuì'ègǎn bú tài qiáng.

其次[17]，“鼹鼠” 越 来 越 强大。 和 以前 相比， 现在
Qícì, “yǎnshǔ” yuè lái yuè qiángdà. Hé yǐqián xiāngbǐ, xiànzài

的 技术 工艺[18] 大 有[19] 提升[20]， 仿冒品 的 质量 也 不 太
de jìshù gōngyì dà yǒu tíshēng, fǎngmàopǐn de zhìliàng yě bú tài

差[21]。 同时， 随着 物流 的 发展， “鼹鼠” 们 开拓[22] 市场，
chà. Tóngshí, suízhe wùliú de fāzhǎn, “yǎnshǔ” men kāituò shìchǎng,

扩大[23] 销售[24] 也 变得 更 容易 了。
kuòdà xiāoshòu yě biànde gèng róngyì le.

9 **首先** shǒuxiān：まず　10 **随着** suízhe：～につれて、～とともに（→文法ポイント 2）
11 **加剧** jiājù：激化する、ひどくなる　12 **获取** huòqǔ：手に入れる
13 **眼前** yǎnqián：目の前、目先　14 **知识产权** zhīshi chǎnquán：知的財産権
15 **渗透** shèntòu：浸透する　16 **够** gòu：足りる、十分だ
17 **其次** qícì：その次　18 **技术工艺** jìshù gōngyì：製造技術　19 **大有** dà yǒu：大いに
20 **提升** tíshēng：向上する　21 **差** chà：悪い、劣っている　22 **开拓** kāituò：開拓する
23 **扩大** kuòdà：拡大する　24 **销售** xiāoshòu：販売する

DL 28
CD 1-28

另一方面[25]，打击[26]力度不够也是原因之一。
Lìng yì fāngmiàn, dǎjī lìdù bú gòu yě shì yuányīn zhīyī.

中国有一句话很有名："不管白猫黑猫，能捉到[27]老鼠就是好猫。"仿冒产品尽管不光彩，但也能带来一定的经济效益[28]。在这种情况下，国家打击仿冒产品时容易手软[29]。
Zhōngguó yǒu yí jù huà hěn yǒumíng : "Bùguǎn bái māo hēi māo, néng zhuōdào lǎoshǔ jiù shì hǎo māo." Fǎngmào chǎnpǐn jǐnguǎn bù guāngcǎi, dàn yě néng dàilái yídìng de jīngjì xiàoyì. Zài zhèi zhǒng qíngkuàng xià, guójiā dǎjī fǎngmào chǎnpǐn shí róngyì shǒuruǎn.

如上所述[30]，中国处理[31]侵犯知识产权问题的难度比较大，需要时间。不过，中国政府也正在努力，比如[32]完善[33]相关[34]法律制度，通过[35]大力[36]宣传[37]提高知识产权意识等。请大家也来想一想，怎么保护[38]知识产权？
Rúshàng suǒ shù, Zhōngguó chǔlǐ qīnfàn zhīshi chǎnquán wèntí de nándù bǐjiào dà, xūyào shíjiān. Búguò, Zhōngguó zhèngfǔ yě zhèngzài nǔlì, bǐrú wánshàn xiāngguān fǎlǜ zhìdù, tōngguò dàlì xuānchuán tígāo zhīshi chǎnquán yìshi děng. Qǐng dàjiā yě lái xiǎng yi xiǎng, zěnme bǎohù zhīshi chǎnquán?

25 另一方面 lìng yì fāngmiàn：一方　26 打击 dǎjī：打撃を与える、取り締まる
27 捉到 zhuōdào：捕まえる　28 效益 xiàoyì：効果と利益　29 手软 shǒuruǎn：手が鈍る、やり方が甘い
30 如上所述 rúshàng suǒ shù：以上述べたように　31 处理 chǔlǐ：対処する　32 比如 bǐrú：例えば
33 完善 wánshàn：完全なものにする、整える　34 相关 xiāngguān：関連する
35 通过 tōngguò：～を通じて、～によって、～で（→文法ポイント3）　36 大力 dàlì：強力に、力強く
37 宣传 xuānchuán：宣伝する　38 保护 bǎohù：保護する、守る

文法のポイント

DL 29
CD 1-29

1 像～一样　まるで～のようだ

比喩を表すセットで、"就像～一样"や"好像～一样"の形で使われることも多いです。

① 眼前的一切像在做梦一样。Yǎnqián de yíqiè xiàng zài zuòmèng yíyàng.　做梦：夢を見る

② 她非常天真烂漫，好像小孩儿一样。
Tā fēicháng tiānzhēn lànmàn, hǎoxiàng xiǎoháir yíyàng.

③ 那件事之后，他就像变了一个人一样。
Nèi jiàn shì zhī hòu, tā jiù xiàng biànle yí ge rén yíyàng.

2 随着　～につれて、～とともに

"随着～"の形で、ある状況の変化に伴うことを表します。

① 随着孩子渐渐长大，父母也越来越老了。　渐渐：だんだんと　长大：大きくなる
Suízhe háizi jiànjiàn zhǎngdà, fùmǔ yě yuè lái yuè lǎo le.

② 随着日元升值，出口受到了很大的影响。　升值：貨幣価値が上がる　出口：輸出する
Suízhe rìyuán shēngzhí, chūkǒu shòudàole hěn dà de yǐngxiǎng.

③ 随着网络社会的发展，人们变得离不开手机了。　离不开：離れられない
Suízhe wǎngluò shèhuì de fāzhǎn, rénmen biànde líbukāi shǒujī le.

3 通过　～を通じて、～によって、～で

"通过"は介詞（前置詞）で、媒介や手段を示します。

① 我们俩是通过相亲网站认识的。　相亲网站：お見合いサイト
Wǒmen liǎ shì tōngguò xiāngqīn wǎngzhàn rènshi de.

② 两国间的领土问题应该通过外交解决。
Liǎng guó jiān de lǐngtǔ wèntí yīnggāi tōngguò wàijiāo jiějué.

③ 通过多年的努力，她终于实现了自己的梦想。　终于：やっと、とうとう
Tōngguò duōnián de nǔlì, tā zhōngyú shíxiànle zìjǐ de mèngxiǎng.

李さんのつぶやき

「とにかくアクションを起こして目に見える成果を出す。完成度が低くても、叩き台はないよりはまし。それをベースにどんどん改良すればよい。0と1の違いは大きいぞ！」アプリ開発の会社を経営している中国人の友達と飲んでいた時、彼は目をキラキラさせながら力強く語っていました。その後、彼の会社が作ったアプリの評価をちょっと見てみたら、ほとんど星1つでした。

第六课

練習問題

1 音声を聞いて、中国語で書きとり、本文の内容と一致するものに「○」、一致しないものに「×」をつけなさい。

(1) ＿＿＿＿＿＿＿＿＿＿＿＿＿＿＿＿＿＿＿＿ (　　)

(2) ＿＿＿＿＿＿＿＿＿＿＿＿＿＿＿＿＿＿＿＿ (　　)

(3) ＿＿＿＿＿＿＿＿＿＿＿＿＿＿＿＿＿＿＿＿ (　　)

(4) ＿＿＿＿＿＿＿＿＿＿＿＿＿＿＿＿＿＿＿＿ (　　)

2 下記の中から適切な単語を（　　）内に入れて、完成させた文を日本語に訳しなさい。

①比如	②眼前	③相关	④首先	⑤大有
bǐrú	yǎnqián	xiāngguān	shǒuxiān	dà yǒu

(1) 不要只看（　　　　　），应该多考虑将来。
Búyào zhǐ kàn(　　　　　), yīnggāi duō kǎolǜ jiānglái.
日本語訳：＿＿＿＿＿＿＿＿＿＿＿＿＿＿＿＿＿＿＿＿

(2) (　　　　　)，请大家自我介绍一下。
(　　　　　), qǐng dàjiā zìwǒ jièshào yíxià.
日本語訳：＿＿＿＿＿＿＿＿＿＿＿＿＿＿＿＿＿＿＿＿

(3) 这个学期，他的成绩（　　　　　）进步。
Zhèige xuéqī, tā de chéngjì(　　　　　) jìnbù.
日本語訳：＿＿＿＿＿＿＿＿＿＿＿＿＿＿＿＿＿＿＿＿

(4) 我有很多爱好，(　　　　　) 听音乐、看电影等。
Wǒ yǒu hěn duō àihào, (　　　　　)tīng yīnyuè、kàn diànyǐng děng.
日本語訳：＿＿＿＿＿＿＿＿＿＿＿＿＿＿＿＿＿＿＿＿

(5) 我们正在收集（　　　　　）资料。
Wǒmen zhèngzài shōují(　　　　　) zīliào.
日本語訳：＿＿＿＿＿＿＿＿＿＿＿＿＿＿＿＿＿＿＿＿

❸ 日本語に合うように、(　　) 内の語句を並べ替えなさい。

(1) この赤ちゃんはまるでアンパンマンのようで本当にかわいいね。

这个小宝宝 （一样 / 像 / 面包超人），真可爱！

Zhèige xiǎobǎobao (yíyàng / xiàng / miànbāo chāorén), zhēn kě'ài!

小宝宝：赤ちゃん
面包超人：アンパンマン

(2) AI 技術の発展につれて、失業者も増えるでしょう。

(AI 技术 / 发展 / 随着 / 的)，失业者也会增加。

(AI jìshù / fāzhǎn / suízhe / de), shīyèzhě yě huì zēngjiā.

(3) 彼女は独学で韓国語を学んだのです。

她是 (自学 / 通过 / 学) 的韩语。

自学：独学する

Tā shì (zìxué / tōngguò / xué) de Hányǔ.

(4) 大都市に比べれば、ここの物価はあまり高くありません。

(相比 / 和 / 大城市)，这里的物价不太高。

(xiāngbǐ / hé / dà chéngshì), zhèli de wùjià bú tài gāo.

❹ この課の文法ポイントを活用して、以下の日本語を中国語に訳しなさい。(カッコ内の語句はヒントです)

(1) 彼女は天使のようにかわいいです。(天使：天使 tiānshǐ)

(2) 医療技術の発展につれて、平均寿命はますます長くなりました。

(医療技術：医疗技术 yīliáo jìshù　平均寿命：平均寿命 píngjūn shòumìng)

(3) アルバイトを通じて、多くの社会経験を積むことができます。

(社会経験：社会经验 shèhuì jīngyàn　積む：积累 jīlěi)

第七课　中国人在家里不说“谢谢”是真的吗？

「ねえ、ちょっと醤油をとって。」「はい。」「ありがとう！」…日本人の家庭では、このようなやりとりはごく普通でしょう。ところが、同じようなことが中国人の家庭で起きたとしたら、以上の会話は「はい。」のところで終了になり、“**谢谢**”が登場することはあまりないでしょう。それはなぜでしょう？

DL 32
CD 2-02

日本人　很　有　礼貌[1]，一般　来　说[2]，在　家　里　也　经常
Rìběnrén hěn yǒu lǐmào, yìbān lái shuō, zài jiā li yě jīngcháng

使用　类似“谢谢”这样　的　礼貌　用语。而　这　在[3]　大多数
shǐyòng lèisì "xièxie" zhèyàng de lǐmào yòngyǔ. Ér zhè zài dàduōshù

中国人　看来，会　觉得　这样　很　见外[4]，不　像[5]　是　一
Zhōngguórén kànlái, huì juéde zhèyàng hěn jiànwài, bú xiàng shì yì

新出語句

DL 31
CD 2-01

1 **礼貌** lǐmào：礼儀　※ **“有礼貌”** で「礼儀正しい」の意味
2 **一般来说** yìbān lái shuō：一般的に言えば
3 **在～看来** zài ~ kànlái：～から見ると
4 **见外** jiànwài：よそよそしい
5 **不像** bú xiàng：～らしくない

家 人。
jiā rén.

日本人 认为，即使[6] 关系 亲近[7]，也 得[8] 讲究[9] 礼仪。
Rìběnrén rènwéi, jíshǐ guānxi qīnjìn, yě děi jiǎngjiu lǐyí.

对于 对方[10] 为 自己 做 的 事，无论[11] 这 件 事 多 小，
Duìyú duìfāng wèi zìjǐ zuò de shì, wúlùn zhèi jiàn shì duō xiǎo,

也 要 表示 感谢。中国 则 有 一 句 俗话[12]，叫 "朋友
yě yào biǎoshì gǎnxiè. Zhōngguó zé yǒu yí jù súhuà, jiào "péngyou

之间 不 言 谢"。朋友 之间 都 不 需要 说 "谢谢"，
zhījiān bù yán xiè". Péngyou zhījiān dōu bù xūyào shuō "xièxie",

何况[13] 家人 之间 呢？对 中国人 来 说，道谢[14] 是 一
hékuàng jiārén zhījiān ne? Duì Zhōngguórén lái shuō, dàoxiè shì yì

种 礼节[15]，同时 也 表示 说话者 之间 不 够 亲密，
zhǒng lǐjié, tóngshí yě biǎoshì shuōhuàzhě zhījiān bú gòu qīnmì,

存在着 距离。相反，如果 双方 关系 亲密，却[16] 使用
cúnzàizhe jùlí. Xiāngfǎn, rúguǒ shuāngfāng guānxi qīnmì, què shǐyòng

礼貌 用语，就 会 显得 很 奇怪[17]。
lǐmào yòngyǔ, jiù huì xiǎnde hěn qíguài.

DL 33
CD 2-03

此外，"早上 好" "晚安" "辛苦 了" 等 话语[18] 也 很
Cǐwài, "zǎoshang hǎo" "wǎn'ān" "xīnkǔ le" děng huàyǔ yě hěn

6 即使～也… jíshǐ ～ yě…：たとえ～としても（→文法ポイント1） 7 亲近 qīnjìn：親しい、仲良しだ
8 得 děi：～しなければならない 9 讲究 jiǎngjiu：こだわる、重んじる 10 对方 duìfāng：相手
11 无论～也… wúlùn ～ yě…：～にかかわらず…、いくら～であろうと…（→文法ポイント2）
12 俗话 súhuà：ことわざ 13 何况 hékuàng：まして～は言うまでもない（→文法ポイント3）
14 道谢 dàoxiè：礼を言う 15 礼节 lǐjié：礼儀作法
16 却 què：～のに、～にもかかわらず 17 奇怪 qíguài：不思議だ、奇妙だ
18 话语 huàyǔ：言葉

少 在 一般 中国人 的 家 里 听到。 你 可能 会
shǎo zài yìbān Zhōngguórén de jiā li tīngdào. Nǐ kěnéng huì

觉得 不 可 思 议，难道[19] 中国人 的 家 里，大家 总是
juéde bù kě sī yì, nándào Zhōngguórén de jiā li, dàjiā zǒngshì

默默 无 语[20] 吗？ 当然 不 是 这样，中国人 有 中国人
mòmò wú yǔ ma? Dāngrán bú shì zhèyàng, Zhōngguórén yǒu Zhōngguórén

的 表达[21] 方式。 他们 可能 会 说 "起来 了？ 睡好 了
de biǎodá fāngshì. Tāmen kěnéng huì shuō "qǐlai le? shuìhǎo le

吗？" "快 睡 吧！" "累 了 吧？" 等等。 另外，在
ma?" "kuài shuì ba!" "lèi le ba?" děngděng. Lìngwài, zài

中国，家人 之间 也 不 是 绝对 不 说 "谢谢"。 对于
Zhōngguó, jiārén zhījiān yě bú shì juéduì bù shuō "xièxie". Duìyú

长辈[22]，比如 孩子 得到 礼物 或 压岁钱[23] 的 时候 等，
zhǎngbèi, bǐrú háizi dédào lǐwù huò yāsuìqián de shíhou děng,

还是 需要 道谢 的。
háishi xūyào dàoxiè de.

你 觉得 中国 的 这 种 文化 怎么样？
Nǐ juéde Zhōngguó de zhèi zhǒng wénhuà zěnmeyàng?

19 难道 nándào：まさか～ではあるまい（→文法ポイント3）
20 默默无语 mòmò wú yǔ：黙って何も言わない
21 表达 biǎodá：表す、表現する
22 长辈 zhǎngbèi：年長者
23 压岁钱 yāsuìqián：お年玉

文法のポイント

DL 34
CD 2-04

1 即使～也…　たとえ～としても

仮定や譲歩を表します。"即使"は"即便"・"就算"・"就是"などと言い換えることができます。

① 你即使不说，我也知道。 Nǐ jíshǐ bù shuō, wǒ yě zhīdào.

② 即使失败也不要放弃机会。 Jíshǐ shībài yě búyào fàngqì jīhui.

放弃：諦める　机会：機会、チャンス

③ 即使跪下道歉，我也不会原谅他。 Jíshǐ guìxià dàoqiàn, wǒ yě bú huì yuánliàng tā.

跪下：ひざまずく、土下座する　原谅：許す

2 无论～也…　～にかかわらず…、～であろうと…

条件のいかんを問わず、結果や結論は同じであることを表します。"无论"は"不论"・"不管"など、"也"は"都"と言い換えることがあります。

① 现在无论说什么，他也听不进去。 Xiànzài wúlùn shuō shénme, tā yě tīngbujìnqù.

听不进去：耳を貸さない、聞き入れない

② 无论花多长时间，我也要干到最后。 Wúlùn huā duō cháng shíjiān, wǒ yě yào gàndào zuìhòu.

干：やる、する

③ 他无论做什么事情都很认真。 Tā wúlùn zuò shénme shìqing dōu hěn rènzhēn.

3 反語表現

何况：まして～は言うまでもない

① 大人都搬不动，何况小孩儿呢。 Dàrén dōu bānbudòng, hékuàng xiǎoháir ne.

搬不动：（重くて）運べない

② 就连动物也有感情，何况是人。 Jiù lián dòngwù yě yǒu gǎnqíng, hékuàng shì rén.

难道：まさか～ではあるまい

③ 难道你忘记自己的誓言了吗？ Nándào nǐ wàngjì zìjǐ de shìyán le ma?

忘记：忘れる　誓言：誓いの言葉

④ 大家都知道这件事，难道你不知道吗？ Dàjiā dōu zhīdào zhèi jiàn shì, nándào nǐ bù zhīdào ma?

李さんのつぶやき

久しぶりに帰国した時のことです。母が僕の大好きな豚足を作ってくれました。一番美味しそうな部分をとって、僕のお皿に置いてくれた時、僕は思わず"谢谢"と言ってしまいました。そしたら、母は一瞬目が点になって、「この子どうしちゃったんだろう？」と言って大爆笑しました。母には、「母上様へ、今まで育ててくれて、ありがとうございました！」くらいの重さだったらしいです。

第七课

練習問題

DL 35
CD 2-05

1 音声を聞いて、中国語で書きとり、本文の内容と一致するものに「○」、一致しないものに「×」をつけなさい。

(1) ______________________ (　　)

(2) ______________________ (　　)

(3) ______________________ (　　)

(4) ______________________ (　　)

2 下記の中から適切な単語を（　　）内に入れて、完成させた文を日本語に訳しなさい。

①得	②却	③俗话	④表达	⑤讲究
děi	què	súhuà	biǎodá	jiǎngjiu

(1) 今天下午我（　　　　　）去打工。
Jīntiān xiàwǔ wǒ（　　　　　）qù dǎgōng.
日本語訳：______________________

(2)（　　　　　）说，“百闻不如一见”。
（　　　　　）shuō,“bǎi wén bùrú yí jiàn”.
日本語訳：______________________

(3) 没有人喜欢不（　　　　　）卫生的人。　　卫生：衛生、清潔
Méiyou rén xǐhuan bù（　　　　　）wèishēng de rén.
日本語訳：______________________

(4) 他是日本人，（　　　　　）不爱吃寿司。
Tā shì Rìběnrén,（　　　　　）bú ài chī shòusī.
日本語訳：______________________

(5) 无论什么话语，都无法（　　　　　）我的感激之情。
Wúlùn shénme huàyǔ, dōu wúfǎ（　　　　　）wǒ de gǎnjī zhī qíng.
日本語訳：______________________

3 日本語に合うように、(　　) 内の語句を並べ替えなさい。

(1) 彼と一緒なら、何をしても楽しいです。

只要和他在一起，(什么 / 无论 / 做)，我都很开心。

Zhǐyào hé tā zài yìqǐ, (shénme / wúlùn / zuò), wǒ dōu hěn kāixīn.

(2) 自由のためなら、命を捧げても後悔しません。

为了自由，即使付出生命，(也 / 我 / 后悔 / 不)。　付出：差し出す、捧げる

Wèile zìyóu, jíshǐ fùchū shēngmìng, (yě / wǒ / hòuhuǐ / bù).

(3) あなたはまさかまだ私の気持ちが分かっていないの？

你 (不明白 / 还 / 难道) 我的心意吗?　心意：気持ち

Nǐ (bù míngbai / hái / nándào) wǒ de xīnyì ma?

(4) 今は大きい会社でさえ不安定なのだから、まして小さい会社は言うまでもありません。

现在连大公司都不稳定，(小公司 / 何况 / 呢)。　稳定：安定だ

Xiànzài lián dà gōngsī dōu bù wěndìng, (xiǎogōngsī / hékuàng / ne).

4 この課の文法ポイントを活用して、以下の日本語を中国語に訳しなさい。(カッコ内の語句はヒントです)

(1) いくらであろうと、私は買います。

(2) 私はたとえ毎日ラーメンを食べても飽きません。(飽きる：腻 nì)

(3) あなたはまさか少しも貯金がないとでも言うのか。(貯金：存款 cúnkuǎn)

第八课　中国人为什么总是找借口？

「遅くなってごめん！　出かけようとした時に電話がかかってきて、電話に出たら電車に乗り遅れたの。慌てていたら今度は乗り過ごしてしまって…。っていうか、この駅の工事いつまで続くんだろうね、出口がごちゃごちゃで全然わからないよ、まったくもう！」　あれ、どうして逆ギレになったんでしょう？

DL 37
CD 2-07

迟到[1]了　要　道歉[2]。　在　这　一　点　上，　日本人　和
Chídàole　yào　dàoqiàn.　Zài　zhè　yì　diǎn　shang,　Rìběnrén　hé

中国人　都　是　一样　的。　不同　的　是，　中国人　好像[3]
Zhōngguórén　dōu　shì　yíyàng　de.　Bùtóng　de　shì,　Zhōngguórén　hǎoxiàng

更　爱[4]　找　借口[5]。
gèng　ài　zhǎo　jièkǒu.

新出語句

DL 36
CD 2-06

1 迟到 chídào：遅刻する
2 道歉 dàoqiàn：謝る、謝罪する
3 好像 hǎoxiàng：～のようだ
4 爱 ài：しょっちゅう～する、～しがちだ
5 借口 jièkǒu：言い訳、口実　※“找借口”で「口実を付ける、言い訳をする」の意味

当然，日本人迟到时，也常常[6]会说一下理由，
Dāngrán, Rìběnrén chídào shí, yě chángcháng huì shuō yíxià lǐyóu,

譬如[7]"电车晚点[8]了"等等。但如果说得太多了，
pìrú "diànchē wǎndiǎn le" děngděng. Dàn rúguǒ shuōde tài duō le,

就会让对方反感[9]，所以很多人只是道歉，并
jiù huì ràng duìfāng fǎngǎn, suǒyǐ hěn duō rén zhǐ shì dàoqiàn, bìng

不提[10]迟到的理由。而中国人认为，如果没有
bù tí chídào de lǐyóu. Ér Zhōngguórén rènwéi, rúguǒ méiyou

理由却迟到的话，是对对方的轻视[11]，会让对方
lǐyóu què chídào dehuà, shì duì duìfāng de qīngshì, huì ràng duìfāng

面子扫地[12]。所以，迟到的时候不光要道歉，还要
miànzi sǎodì. Suǒyǐ, chídào de shíhou bùguāng yào dàoqiàn, hái yào

说出理由。而且[13]，理由多一些，自己的"罪过[14]"也
shuōchū lǐyóu. Érqiě, lǐyóu duō yìxiē, zìjǐ de "zuìguo" yě

能减轻[15]一些。
néng jiǎnqīng yìxiē.

DL 38
CD 2-08

另一方面，在向中国人指出[16]问题或提意见[17]
Lìng yì fāngmiàn, zài xiàng Zhōngguórén zhǐchū wèntí huò tí yìjiàn

时，他们也经常找借口，而不是马上[18]道歉。这
shí, tāmen yě jīngcháng zhǎo jièkǒu, ér bú shì mǎshàng dàoqiàn. Zhè

是因为，关于道歉的作用[19]和结果，日本和中国
shì yīnwei, guānyú dàoqiàn de zuòyòng hé jiéguǒ, Rìběn hé Zhōngguó

第八课

[6] **常常** chángcháng：しばしば、よく　[7] **譬如** pìrú：例えば
[8] **晚点** wǎndiǎn ：（電車などが）定刻より遅れる　[9] **反感** fǎngǎn：反感を持っている
[10] **提** tí：提起する、言及する　[11] **轻视** qīngshì：軽視する
[12] **扫地** sǎodì：すっかり失う　[13] **而且** érqiě：しかも、それに（→文法ポイント1）
[14] **罪过** zuìguo：悪いこと、罪なこと　[15] **减轻** jiǎnqīng：軽減する
[16] **指出** zhǐchū：指摘する　[17] **提意见** tí yìjiàn：意見を言う、不満を言う
[18] **马上** mǎshàng：すぐ、直ちに　[19] **作用** zuòyòng：作用、効果　※"**反作用**"で「逆効果」の意味

也 不 太 一样。 在 日本， 只要 道歉， 往往[20] 就 能 息
yě bú tài yíyàng. Zài Rìběn, zhǐyào dàoqiàn, wǎngwǎng jiù néng xī

事 宁 人[21]， 找 借口 反而[22] 会 起[23] 反作用。 所以， 就算[24]
shì níng rén, zhǎo jièkǒu fǎn'ér huì qǐ fǎnzuòyòng. Suǒyǐ, jiùsuàn

不 是 自己 的 责任， 有时候[25] 也 会 道歉。 而 在
bú shì zìjǐ de zérèn, yǒushíhou yě huì dàoqiàn. Ér zài

中国， 光 道歉 不但[26] 无法 息 事 宁 人， 还 表示 要
Zhōngguó, guāng dàoqiàn búdàn wúfǎ xī shì níng rén, hái biǎoshì yào

承担[27] 责任。 所以， 如果 自己 没有 直接 责任 的话，
chéngdān zérèn. Suǒyǐ, rúguǒ zìjǐ méiyou zhíjiē zérèn dehuà,

一般 不 愿意 道歉， 而 是 把 矛头[28] 指向[29] 其他[30] 的
yìbān bú yuànyì dàoqiàn, ér shì bǎ máotóu zhǐxiàng qítā de

原因。
yuányīn.

对于 道歉 和 找 借口， 你 怎么 看 呢？
Duìyú dàoqiàn hé zhǎo jièkǒu, nǐ zěnme kàn ne?

20 **往往** wǎngwǎng：往々にして、しばしば　21 **息事宁人** xī shì níng rén：折り合って事態を収拾させる
22 **反而** fǎn'ér：かえって、逆に（→文法ポイント2）　23 **起** qǐ：起こる、生じる
24 **就算～也…** jiùsuàn ～ yě…：たとえ～としても　25 **有时候** yǒushíhou：時には、～の時がある
26 **不但～还…** búdàn ～ hái…：～ばかりでなく…、～のみならず…（→文法ポイント3）
27 **承担** chéngdān：（責任などを）引き受ける　28 **矛头** máotóu：矛先
29 **指向** zhǐxiàng：方向を指し示す、向ける　30 **其他** qítā：ほかの、その他の

文法のポイント

DL 39
CD 2-09

1 而且　しかも、それに

前で述べたことにさらに付け加えることを表す接続詞で、“不但” などと呼応して使われることが多いです。

① 他不但爱迟到，而且经常上课睡觉。
Tā búdàn ài chídào, érqiě jīngcháng shàngkè shuìjiào.

② 那个老师的课很易懂，而且很有意思。　易懂：分かりやすい
Nèige lǎoshī de kè hěn yìdǒng, érqiě hěn yǒuyìsi.

③ 新型手机的拍照性能很好，而且电池容量更大了。　拍照：写真を撮る
Xīnxíng shǒujī de pāizhào xìngnéng hěn hǎo, érqiě diànchí róngliàng gèng dà le.

2 反而　かえって、逆に

前で述べたことに反することを表す接続詞で、“不但” などと呼応して使われることが多いです。

① 不但没赚，反而赔了不少。Búdàn méi zhuàn, fǎn'ér péile bù shǎo.　赚：儲かる　赔：損する

② 病情一直没有好转，反而越来越严重了。　好转：好転する
Bìngqíng yìzhí méiyou hǎozhuǎn, fǎn'ér yuè lái yuè yánzhòng le.

③ 他不但不道歉，反而想把责任推给别人。　推给：～に押し付ける
Tā búdàn bú dàoqiàn, fǎn'ér xiǎng bǎ zérèn tuīgěi biérén.

3 不但～还…　～ばかりでなく…、～のみならず…

補足・累加の意味を表すセットです。“不但” は “不仅 jǐn” などに、“还” は “而且” などに言い換えることがあります。

① 她不但是歌手，还是一名配音演员。　名：(量詞) ～名　配音演员：声優
Tā búdàn shì gēshǒu, hái shì yì míng pèiyīn yǎnyuán.

② 泡澡不但能清洁身体，还能放松心情。　泡澡：風呂に浸かる　清洁：清潔にする、清める
Pàozǎo búdàn néng qīngjié shēntǐ, hái néng fàngsōng xīnqíng.

③ 成功不但需要努力，有时候还需要一点儿运气。　运气：運
Chénggōng búdàn xūyào nǔlì, yǒushíhou hái xūyào yìdiǎnr yùnqi.

李さんのつぶやき

例えば10時集合だとしたら、あなたはいつも何時に着くようにしていますか。10分前、もしくは5分前に着くようにする日本人が多いかと思います。ちょうど10時に着いた人は、「ギリギリになってごめんなさい」と、遅刻したかのように謝ったりします。最初は、遅れていないんだから、なんで謝るのかなと不思議でしたが、集合時間を守るというより、相手を待たせるのが申し訳ないからだろうね。

第八课

練習問題

1 音声を聞いて、中国語で書きとり、本文の内容と一致するものに「○」、一致しないものに「×」をつけなさい。

(1) ________________________________ (　　)

(2) ________________________________ (　　)

(3) ________________________________ (　　)

(4) ________________________________ (　　)

2 下記の中から適切な単語を（　　）内に入れて、完成させた文を日本語に訳しなさい。

①提	②轻视	③作用	④其他	⑤常常
tí	qīngshì	zuòyòng	qítā	chángcháng

(1) （　　　　　）问题时请举手。
（　　　　　）wèntí shí qǐng jǔshǒu.
日本語訳：________________________________

(2) 姐姐和弟弟（　　　　　）吵架。　　吵架：口げんかをする
Jiějie hé dìdi（　　　　　）chǎojià.
日本語訳：________________________________

(3) 感冒也能引起大病，所以不能（　　　　　）。
Gǎnmào yě néng yǐnqǐ dà bìng, suǒyǐ bù néng（　　　　　）.
日本語訳：________________________________

(4) 大家还有（　　　　　）问题吗?
Dàjiā hái yǒu（　　　　　）wèntí ma?
日本語訳：________________________________

(5) 这种药有消炎和退烧的（　　　　　）。　　退烧：熱を下げる
Zhèi zhǒng yào yǒu xiāoyán hé tuìshāo de（　　　　　）.
日本語訳：________________________________

3 日本語に合うように、(　　) 内の語句を並べ替えなさい。

(1) 雨が止むどころか、逆にますますひどくなりました。

雨不但没停，（了 / 越下越大 / 反而）。

Yǔ búdàn méi tíng, (le / yuè xià yuè dà / fǎn'ér).

(2) ネット上の情報は不正確なことがよくあります。

网上的消息　（是 / 往往 / 的 / 不准确）。　　消息：情報　准确：正確だ

Wǎng shang de xiāoxi (shì / wǎngwǎng / de / bù zhǔnquè).

(3) 彼はたくさんの料理を作れます。しかもとてもおいしく作れます。

他会做很多菜，（很好吃 / 做 / 而且 / 得）。

Tā huì zuò hěn duō cài, (hěn hǎochī / zuò / érqiě / de).

(4) 彼は金メダルを獲得したばかりでなく、世界記録も破りました。

他（不但 / 金牌 / 获得了），还打破了世界纪录。

Tā (búdàn / jīnpái / huòdéle), hái dǎpòle shìjiè jìlù.

4 この課の文法ポイントを活用して、以下の日本語を中国語に訳しなさい。(カッコ内の語句はヒントです)

(1) 彼は謝らなかった上に、逆に怒り出しました。(怒り出す：发起火来 fāqǐ huǒ lái)

(2) 彼女のボーイフレンドはとてもカッコよくて、しかもとても優しいです。

(かっこいい：帅 shuài　やさしい：温柔 wēnróu)

(3) 彼女はピアノばかりでなく、バイオリンも引けます。

(バイオリンを弾く：拉小提琴 lā xiǎotíqín)

第九课 在吃饭的习惯上中国人与日本人有什么不同?

国によって、食事の習慣やマナーはいろいろと違いがあります。日本人は食事をする前に、みんな「いただきます」と言ってから食べはじめ、食事の後には、「ご馳走様でした」と言います。中国人にこのような習慣はあるのでしょうか。また、ほかに食事についてのマナーなどの違いがあるのでしょうか。

DL 42
CD 2-12

人 之所以[1] 能够 生存 下去[2]，是 因为 得到了 其他
Rén zhīsuǒyǐ nénggòu shēngcún xiàqu, shì yīnwei dédàole qítā

动植物 的 生命。 日本人 对 这 一 点 意识 比较 强，
dòngzhíwù de shēngmìng. Rìběnrén duì zhè yì diǎn yìshi bǐjiào qiáng,

所以 对 食物 抱有[3] 很 强 的 感激 之 情。“いただきます”
suǒyǐ duì shíwù bàoyǒu hěn qiáng de gǎnjī zhī qíng. “いただきます”

新出語句

DL 41
CD 2-11

1 之所以～是因为… zhīsuǒyǐ ～ shì yīnwei…：～なのは、…だからだ (→文法ポイント1)
2 下去 xiàqu：～していく
3 抱有 bàoyǒu：（心に）抱えている、（気持ちを）持っている

和 “ご馳走様でした”， 大概 就 是 这 种 心情 的
hé “ご馳走様でした”， dàgài jiù shì zhèi zhǒng xīnqíng de

表现[4] 吧。
biǎoxiàn ba.

而 在 中国， 这 种 文化 意识 比较 淡薄[5]， 所以
Ér zài Zhōngguó, zhèi zhǒng wénhuà yìshi bǐjiào dànbó, suǒyǐ

没有 相应[6] 的 语言 表现。 当然， 中国人 也 不 是
méiyou xiāngyìng de yǔyán biǎoxiàn. Dāngrán, Zhōngguórén yě bú shì

一 句 话 都 不 说 就 默默 开 吃[7]， 吃完了 就 默默
yí jù huà dōu bù shuō jiù mòmò kāi chī, chīwánle jiù mòmò

离开[8]。 吃 饭 前， 很 多 中国人 会 说 “吃 饭 吧”，
líkāi. Chī fàn qián, hěn duō Zhōngguórén huì shuō “chī fàn ba”,

“动 筷子[9] 吧” 等等。 吃完 饭， 会 说 “吃好 了”， “吃饱
“dòng kuàizi ba” děngděng. Chīwán fàn, huì shuō “chīhǎo le”, “chībǎo

了” 等等。 各 家 有 各 家 的 习惯， 根据[10] 场合 也
le” děngděng. Gè jiā yǒu gè jiā de xíguàn, gēnjù chǎnghé yě

有所[11] 不同。
yǒusuǒ bùtóng.

DL 43
CD 2-13

另外， 关于 饭桌[12] 上 的 礼仪， 也 有 很 多 跟
Lìngwài, guānyú fànzhuō shang de lǐyí, yě yǒu hěn duō gēn

第九课

4 表现 biǎoxiàn：表れ 5 淡薄 dànbó：薄い
6 相应 xiāngyìng：相応する 7 开吃 kāi chī：食べ始める
8 离开 líkāi：離れる 9 动筷子 dòng kuàizi：箸をつける
10 根据 gēnjù：～によって、～に基づいて（→文法ポイント2）
11 有所 yǒusuǒ：（ある程度）～がある、～した点がある 12 饭桌 fànzhuō：食卓

日本　不同　的　地方。因为　中国　各地　差异　太　大，很
Rìběn　bùtóng　de　dìfang.　Yīnwei　Zhōngguó　gèdì　chāyì　tài　dà,　hěn

难　具体　说明。总　的　来　说[13]，　中国人　更　随便[14]　一些。
nán　jùtǐ　shuōmíng.　Zǒng　de　lái　shuō,　Zhōngguórén　gèng　suíbiàn　yìxiē.

比如　说，把　一　只[15]　手　放在　下面，把　饭桌　弄[16]得　很
Bǐrú　shuō,　bǎ　yì　zhī　shǒu　fàngzài　xiàmiàn,　bǎ　fànzhuō　nòngde　hěn

乱[17]　等等。这　在　日本人　看来，会　觉得　不　好看，没
luàn　děngděng.　Zhè　zài　Rìběnrén　kànlái,　huì　juéde　bù　hǎokàn,　méi

规矩。但　很　多　中国人　认为，吃　饭　是　一　个　享受[18]
guīju.　Dàn　hěn　duō　Zhōngguórén　rènwéi,　chī　fàn　shì　yí　ge　xiǎngshòu

和　放松　的　时间，随便　一点儿　才　好。
hé　fàngsōng　de　shíjiān,　suíbiàn　yìdiǎnr　cái　hǎo.

虽然　说　各国　文化　不同，我们　很　难　要求　别人　和
Suīrán　shuō　gèguó　wénhuà　bùtóng,　wǒmen　hěn　nán　yāoqiú　biérén　hé

自己　一致，不过，至少[19]　在　外面　的　时候，还是　应该
zìjǐ　yízhì,　búguò,　zhìshǎo　zài　wàimiàn　de　shíhou,　háishi　yīnggāi

注意　一下　自己　的　形象[20]　吧。你　对　中国人　吃　饭
zhùyì　yíxià　zìjǐ　de　xíngxiàng　ba.　Nǐ　duì　Zhōngguórén　chī　fàn

的　习惯　怎么　看？
de　xíguàn　zěnme　kàn?

13 总的来说 zǒng de lái shuō：総じて言えば、全般的に言うと
14 随便 suíbiàn：気軽だ、自由だ、気ままだ　15 只 zhī：対になっているものの１つを数える量詞
16 弄 nòng：する、やる　17 乱 luàn：散らかっている、汚い
18 享受 xiǎngshòu：享受する、楽しむ、堪能する
19 至少 zhìshǎo：少なくとも、せめて（→文法ポイント3）
20 形象 xíngxiàng：姿、イメージ、印象

文法のポイント

DL 44
CD 2-14

1 之所以～，是因为… ～なのは…だからだ

“因为～所以…”と同じ、因果関係を表すセットですが、倒置することで原因・理由が強調されています。

① 我之所以没告诉你，是因为不想让你担心。
Wǒ zhīsuǒyǐ méi gàosu nǐ, shì yīnwei bù xiǎng ràng nǐ dānxīn.

② 彩虹之所以美丽，是因为经历了风雨。 彩虹：にじ
Cǎihóng zhīsuǒyǐ měilì, shì yīnwei jīnglìle fēngyǔ.

③ 我之所以有现在的成果，是因为大家的帮助。
Wǒ zhīsuǒyǐ yǒu xiànzài de chéngguǒ, shì yīnwei dàjiā de bāngzhù.

2 根据 ～によって、～に基づいて

基礎・根拠・法規などに基づくことを表します。

① 这个电影是根据真实故事改编的。 故事：物語 改编：改編する、脚色する
Zhèige diànyǐng shì gēnjù zhēnshí gùshi gǎibiān de.

② 根据新规定，所有公共场所都不能吸烟。
Gēnjù xīn guīdìng, suǒyǒu gōnggòng chǎngsuǒ dōu bù néng xīyān.

③ 根据问卷调查结果，约30%的人对目前的工作不满。 问卷调查：アンケート調査
Gēnjù wènjuàn diàochá jiéguǒ, yuē bǎi fēn zhī sānshí de rén duì mùqián de gōngzuò bùmǎn.

3 至少 少なくとも、せめて

最低限度を示します。“最少”とも言います。（最高限度を示すには、一般的に“最多”と言います）

① 报告至少要写三千字。 Bàogào zhìshǎo yào xiě sānqiān zì. 报告：レポート

② 这个牌子的鞋至少要一万日元。 牌子：ブランド
Zhèige páizi de xié zhìshǎo yào yíwàn rìyuán.

③ 至少应该说一句“谢谢”吧。 Zhìshǎo yīnggāi shuō yí jù “xièxie” ba.

第九课

李さんのつぶやき

牛丼屋さんなどで食事をする時、ちょっとまわりを観察すると、この人はたぶん中国人だろうなあと気づくことがあります。外見などからではなくて、食べ方が違うのです。茶碗を置いたまま食べる、更にお味噌汁は最後に飲む人がいれば、中国系の人である確率が非常に高いです。しかし、最近日本人も中国人も食事の時でもスマホを片手に持っている人が増えているから、判別が難しくなってきましたね。

練習問題

DL 45
DL 2-15

1 音声を聞いて、中国語で書きとり、本文の内容と一致するものに「○」、一致しないものに「×」をつけなさい。

(1) ＿＿＿＿＿＿＿＿＿＿＿＿＿＿＿＿ (　　)

(2) ＿＿＿＿＿＿＿＿＿＿＿＿＿＿＿＿ (　　)

(3) ＿＿＿＿＿＿＿＿＿＿＿＿＿＿＿＿ (　　)

(4) ＿＿＿＿＿＿＿＿＿＿＿＿＿＿＿＿ (　　)

2 下記の中から適切な単語を（　　）内に入れて、完成させた文を日本語に訳しなさい。

①下去	②有所	③随便	④享受	⑤形象
xiàqu	yǒusuǒ	suíbiàn	xiǎngshòu	xíngxiàng

(1) 大家不要太拘束，请（　　　　　　）一点儿。　　拘束：堅苦しい
Dàjiā búyào tài jūshù, qǐng (　　　　　　) yìdiǎnr.
日本語訳：＿＿＿＿＿＿＿＿＿＿＿＿＿＿＿＿

(2) 汉语很重要，以后我也要学（　　　　　　）。
Hànyǔ hěn zhòngyào, yǐhòu wǒ yě yào xué (　　　　　　).
日本語訳：＿＿＿＿＿＿＿＿＿＿＿＿＿＿＿＿

(3) 对我来说，泡温泉是最大的（　　　　　　）。　　泡温泉：温泉に入る
Duì wǒ lái shuō, pào wēnquán shì zuì dà de (　　　　　　).
日本語訳：＿＿＿＿＿＿＿＿＿＿＿＿＿＿＿＿

(4) 新型手机的各种性能都（　　　　　　）提高。
Xīnxíng shǒujī de gè zhǒng xìngnéng dōu (　　　　　　) tígāo.
日本語訳：＿＿＿＿＿＿＿＿＿＿＿＿＿＿＿＿

(5) 在国外时，一个人的行为会影响国家的（　　　　　　）。
Zài guówài shí, yí ge rén de xíngwéi huì yǐngxiǎng guójiā de (　　　　　　).
日本語訳：＿＿＿＿＿＿＿＿＿＿＿＿＿＿＿＿

3 日本語に合うように、(　　) 内の語句を並べ替えなさい。

(1) 彼が成功したのは、ずっと努力していたからです。

他之所以成功，（在努力 / 是因为 / 一直）。

Tā zhīsuǒyǐ chénggōng, (zài nǔlì / shì yīnwei / yìzhí).

(2) 毎日少なくとも 6 時間寝なければなりません。

每天（六个小时 / 至少 / 睡 / 要）。

Měitiān (liù ge xiǎoshí / zhìshǎo / shuì / yào).

(3) 政府は専門家の見解に基づいて新しい対策をとりました。

（专家的见解 / 政府 / 根据）制定了新的对策。　专家：専門家　制定：策定する

(zhuānjiā de jiànjiě / zhèngfǔ / gēnjù) zhìdìngle xīn de duìcè.

(4) 今年、世界各国の GDP が落ちています。

今年世界各国的 GDP（有所 / 都 / 下降）。　下降：下がる、落ちる、減る

Jīnnián shìjiè gèguó de GDP (yǒusuǒ / dōu / xiàjiàng).

4 この課の文法ポイントを活用して、以下の日本語を中国語に訳しなさい。(カッコ内の語句はヒントです)

(1) 彼は毎日少なくとも 30 分運動します。(運動する：运动 yùndòng)

(2) 彼が謝らないから、私は怒っているのです。

(3) 試験の成績と出席率に基づいて評価を行います。

(出席率：出勤率 chūqínlǜ　評価を行う：进行评价 jìnxíng píngjià)

第十课　为什么中国人什么都问?

それほど親しくもないのに、中国人は「結婚しているの？」「給料はいくら？」「体重は？」など、かなりプライバシーの話をしてくることがよくあります。中国人には好奇心が旺盛な人が多いのか、それともプライバシーに無頓着な人が多いのでしょうか。

DL 47
CD 2-17

日本 有 “一 亿[1] 总 中流” 的 说法[2]， 意思 是 大多数
Rìběn yǒu “yí yì zǒng zhōngliú” de shuōfǎ, yìsi shì dàduōshù

日本人 认为 自己 属于[3] 中流 阶层[4]。 对 很 多 日本人
Rìběnrén rènwéi zìjǐ shǔyú zhōngliú jiēcéng. Duì hěn duō Rìběnrén

来 说， 中流 阶层 令 人[5] 感到 轻松 和 踏实[6]。 大多
lái shuō, zhōngliú jiēcéng lìng rén gǎndào qīngsōng hé tāshi. Dàduō

新出語句

DL 46
CD 2-16

1 亿 yì：億
2 说法 shuōfǎ：言い方
3 属于 shǔyú：～に属する
4 阶层 jiēcéng：階層、階級
5 令人～ lìng rén ～：人に～させる（→文法ポイント1）
6 踏实 tāshi：（気持ちが）落ち着いている

日本人 不 愿意 与 人 攀比[7]，显出[8] 差距[9]。 因此， 日本人
Rìběnrén bú yuànyì yǔ rén pānbǐ, xiǎnchū chājù. Yīncǐ, Rìběnrén

不 常 谈论[10] 收入 或 相关 的 话题。
bù cháng tánlùn shōurù huò xiāngguān de huàtí.

与 日本 相比，中国 各 方面 的 差距 很 大。 人们
Yǔ Rìběn xiāngbǐ, Zhōngguó gè fāngmiàn de chājù hěn dà. Rénmen

总是 很 关注[11] 自己 在 社会 中 的 位置， 以及[12] 与 别人
zǒngshì hěn guānzhù zìjǐ zài shèhuì zhōng de wèizhì, yǐjí yǔ biérén

的 差距。 另外， 中国 发展 迅速[13]， 社会 变化 日 新 月
de chājù. Lìngwài, Zhōngguó fāzhǎn xùnsù, shèhuì biànhuà rì xīn yuè

异[14]。 与 此 同时[15]， 竞争[16] 也 变得 十分 激烈[17]， 挖 人才[18]
yì. Yǔ cǐ tóngshí, jìngzhēng yě biànde shífēn jīliè, wā réncái

和 跳槽[19] 是 很 平常[20] 的 事情。 所以， 人们 格外[21] 关注
hé tiàocáo shì hěn píngcháng de shìqing. Suǒyǐ, rénmen géwài guānzhù

与 收入 有关 的 信息[22]。
yǔ shōurù yǒuguān de xìnxī.

DL 48
CD 2-18

另 一 方面， 关于 隐私[23] 的 意识， 中国人 的确 没有
Lìng yì fāngmiàn, guānyú yǐnsī de yìshi, Zhōngguórén díquè méiyou

日本人 强。 这 与 社会 环境 有 很 大 的 关系。
Rìběnrén qiáng. Zhè yǔ shèhuì huánjìng yǒu hěn dà de guānxi.

7 攀比 pānbǐ：互いに張り合う、競って見栄を張る　8 显出 xiǎnchū：現す、見せる
9 差距 chājù：格差　10 谈论 tánlùn：語り合う　11 关注 guānzhù：関心を持つ、注目する
12 以及 yǐjí：及び　13 迅速 xùnsù：非常に速い　14 日新月异 rì xīn yuè yì：日進月歩
15 与此同时 yǔ cǐ tóngshí：それと同時に　16 竞争 jìngzhēng：競争する　17 激烈 jīliè：激しい、熾烈だ
18 挖人才 wā réncái：人材を引き抜く　19 跳槽 tiàocáo：転職する
20 平常 píngcháng：普通だ、ありふれている　21 格外 géwài：特に、ことのほか
22 信息 xìnxī：情報　23 隐私 yǐnsī：プライバシー

中国 的 城市[24] 很 少 有 独门 独院[25] 的 房子， 基本上
Zhōngguó de chéngshì hěn shǎo yǒu dúmén dúyuàn de fángzi, jīběnshang

都 是 公寓楼[26]， 大家 见面 交流 的 机会 比较 多。 中国
dōu shì gōngyùlóu, dàjiā jiànmiàn jiāoliú de jīhui bǐjiào duō. Zhōngguó

的 大学生 大多 住 宿舍， 一 个 房间 住 好几 个 人。
de dàxuéshēng dàduō zhù sùshè, yí ge fángjiān zhù hǎojǐ ge rén.

工作 后， 由于 房租[27] 太 高， 不得不[28] 与 别人 合租[29]，
Gōngzuò hòu, yóuyú fángzū tài gāo, bùdébù yǔ biérén hézū,

共同 生活 的 情况 很 普遍。 在 这 种 情况 下，
gòngtóng shēnghuó de qíngkuàng hěn pǔbiàn. Zài zhèi zhǒng qíngkuàng xià,

人们 很 难 保护 自己 的 隐私， 逐渐[30] 变得 无所谓[31] 了。
rénmen hěn nán bǎohù zìjǐ de yǐnsī, zhújiàn biànde wúsuǒwèi le.

与 此 同时， 在 与 对方 交谈[32] 时， 也 会 轻易[33] 问
Yǔ cǐ tóngshí, zài yǔ duìfāng jiāotán shí, yě huì qīngyì wèn

一些 比较 隐私 的 问题。
yìxiē bǐjiào yǐnsī de wèntí.

如果 被 问到 隐私 问题， 你 怎么 回答 呢？
Rúguǒ bèi wèndào yǐnsī wèntí, nǐ zěnme huídá ne?

24 城市 chéngshì：都市　25 独门独院 dúmén dúyuàn：一戸建て
26 公寓楼 gōngyùlóu：マンション　27 房租 fángzū：家賃
28 不得不 bùdébù：〜せざるを得ない、〜するほかない（→文法ポイント2）
29 合租 hézū：共同で借りる　30 逐渐 zhújiàn：だんだんと、次第に
31 无所谓 wúsuǒwèi：どうでもよい、意に介さない（→文法ポイント3）
32 交谈 jiāotán：言葉を交わす、話し合う　33 轻易 qīngyì：安易に、気軽に

文法のポイント

DL 49
CD 2-19

1 令人～　人に～させる

"令人"の後に、心理活動を表す言葉をつけて、前に述べた原因・理由でその気持ちになることを表します。

① 他的房子很大，离车站也近，真令人羡慕。　羡慕：羨ましがる
Tā de fángzi hěn dà, lí chēzhàn yě jìn, zhēn lìng rén xiànmù.

② 那个政客说的话实在令人气愤。　政客：政治家　实在：実に　气愤：腹が立つ
Nèige zhèngkè shuō de huà shízài lìng rén qìfèn.

③ 这个连续剧的第二季非常令人期待。　连续剧：連続ドラマ　季：シーズン
Zhèige liánxùjù de dì èr jì fēicháng lìng rén qīdài.

2 不得不　～せざるを得ない、～するほかない

したくないのにどうしてもしなければならないという意味を表します。

① 没有末班车了，不得不打车回家。　末班车：終電　打车：タクシーに乗る
Méiyou mòbānchē le, bùdébù dǎchē huí jiā.

② 为了给孩子交学费，她不得不去超市打工。　交：納める、支払う
Wèile gěi háizi jiāo xuéfèi, tā bùdébù qù chāoshì dǎgōng.

③ 在证据面前，他不得不承认了自己的罪行。　证据：証拠　承认：認める　罪行：犯行
Zài zhèngjù miànqián, tā bùdébù chéngrènle zìjǐ de zuìxíng.

3 无所谓　どうでもよい、意に介さない

どんな選択肢・具合でも構わないことを表します。

① 晚饭想吃什么？—什么都行，我无所谓。　行：よろしい、オーケーだ
Wǎnfàn xiǎng chī shénme? —Shénme dōu xíng, wǒ wúsuǒwèi.

② 别人怎么看我都无所谓。 Biérén zěnme kàn wǒ dōu wúsuǒwèi.

③ 贵一点儿也无所谓，质量好就行。　质量：品質
Guì yìdiǎnr yě wúsuǒwèi, zhìliàng hǎo jiù xíng.

李さんのつぶやき

念願のマイホームを買いました。中国人の友人には、いくら？何平米？駅から何分？何年ローン？頭金は？…警察に取調べられるように散々聞かれました。日本人の友人は、みんなわりとあっさりと「そうですか！おめでとうございます！」を言うくらいでした。一戸建て？それともマンション？と聞いた人はいたれど、「建売り？それとも注文住宅？」と聞いてくる人はさすが1人もいませんでした。ちょっと聞いてほしかったけど。

練習問題

DL 50
CD 2-20

1 音声を聞いて、中国語で書きとり、本文の内容と一致するものに「○」、一致しないものに「×」をつけなさい。

(1) ________________________________ (　　)

(2) ________________________________ (　　)

(3) ________________________________ (　　)

(4) ________________________________ (　　)

2 下記の中から適切な単語を（　　）内に入れて、完成させた文を日本語に訳しなさい。

①格外	②以及	③属于	④关注	⑤逐渐
géwài	yǐjí	shǔyú	guānzhù	zhújiàn

(1) 孩子们都（　　　　　　）长大了。
Háizimen dōu (　　　　　　) zhǎngdà le.
日本語訳：________________________________

(2) 她今天打扮得（　　　　　　）漂亮。　　打扮：着飾る
Tā jīntiān dǎbande (　　　　　　) piàoliang.
日本語訳：________________________________

(3) 这（　　　　　　）隐私问题，最好不要问。　　最好：(できれば)～のほうがいい
Zhè (　　　　　　) yǐnsī wèntí, zuìhǎo búyào wèn.
日本語訳：________________________________

(4)《天空之城》,《龙猫》(　　　　　　)《千与千寻》等都是宫崎骏的代表作。
《Tiānkōng zhī chéng》,《Lóngmāo》(　　　　　　)《Qiān yǔ Qiānxún》děng dōu shì Gōngqí Jùn de dàibiǎozuò.
日本語訳：________________________________

(5) 这起事件引起了社会各界的（　　　　　　）。　　起：事件などを数える量詞
Zhèi qǐ shìjiàn yǐnqǐle shèhuì gèjiè de (　　　　　　).
日本語訳：________________________________

3 日本語に合うように、(　　) 内の語句を並べ替えなさい。

(1) 彼は怪我で止むを得ず試合を欠場しました。

他因为受伤，　（比赛 / 不得不 / 退出）。　　受伤：怪我をする

Tā yīnwei shòushāng, (bǐsài / bùdébù / tuìchū).

____

(2) このような行為は本当に憎たらしい。

这种行为　（令人 / 讨厌 / 真）。

Zhèi zhǒng xíngwéi (lìng rén / tǎoyàn / zhēn).

____

(3) 李さんはだんだんと日本の生活に慣れてきました。

小李（ 日本的生活 / 渐渐 / 习惯了 ）。

Xiǎo Lǐ (Rìběn de shēnghuó / jiànjiàn / xíguànle).

____

(4) 私は好き嫌いがなく、何でも食べます。

我不挑食，（什么 / 都 / 吃 / 无所谓）。　　挑食：偏食する、好き嫌いがある

Wǒ bù tiāoshí, (shénme / dōu / chī / wúsuǒwèi).

____

4 この課の文法ポイントを活用して、以下の日本語を中国語に訳しなさい。(カッコ内の語句はヒントです)

(1) あなたが時間を決めてください。私は何時でも構いません。(決める：定 dìng)

____

(2) あの人の表情は本当に気持ち悪いです。(表情：表情 biǎoqíng　気持ち悪い：恶心 ěxin)

____

(3) 2020 年の東京オリンピックは延期せざるを得ません。

(オリンピック：奥运会 Àoyùnhuì　延期する：延期 yánqī)

____

第十二课　中国人特别重视亲情是真的吗？

世界で最も規模が大きい国民大移動、延べ 30 億人の帰省 U ターンラッシュ——春運（春節期間の旅客輸送）。今はインターネットでチケットの予約ができて、だいぶ便利になりましたが、ちょっと昔では、列車の切符を購入するために、徹夜して列に並ぶ人もたくさんいました。中国人はそこまでして帰省したいのはなぜでしょうか。

DL 52
CD 2-22

不管 在 哪个 国家，家庭 的 纽带[1] 都 非常 重要。
Bùguǎn zài nǎige guójiā, jiātíng de niǔdài dōu fēicháng zhòngyào.

但 相比 之下，中国 家庭 的 纽带 也许 更加[2] 牢固[3]。
Dàn xiāngbǐ zhīxià, Zhōngguó jiātíng de niǔdài yěxǔ gèngjiā láogù.

这 一 点 尤其 在 父母 和 孩子 之间 十分 明显[4]。
Zhè yì diǎn yóuqí zài fùmǔ hé háizi zhījiān shífēn míngxiǎn.

新出語句

DL 51
CD 2-21

1 纽带 niǔdài：絆
2 更加 gèngjiā：より、いっそう
3 牢固 láogù：堅固だ、しっかりしている
4 明显 míngxiǎn：はっきりしている、明らかだ

可以 说，很 多 中国 的 父母 甘愿[5] 为 孩子 奉献[6]
Kěyǐ shuō, hěn duō Zhōngguó de fùmǔ gānyuàn wèi háizi fèngxiàn

一生。孩子 结婚 后 需要 买 房[7]，父母 会 拿出[8] 几乎[9]
yìshēng. Háizi jiéhūn hòu xūyào mǎi fáng, fùmǔ huì náchū jīhū

所有[10] 的 积蓄[11] 来 援助。退休[12] 后，很 多 父母 经常
suǒyǒu de jīxù lái yuánzhù. Tuìxiū hòu, hěn duō fùmǔ jīngcháng

帮 孩子 做饭，收拾[13] 房间，照顾[14] 小 孩子 等，简直[15] 就
bāng háizi zuòfàn, shōushi fángjiān, zhàogù xiǎo háizi děng, jiǎnzhí jiù

像 保姆[16] 一样。
xiàng bǎomǔ yíyàng.

中国 家庭 的 浓厚[17] 亲情[18] 不光 是 父母 的 奉献，
Zhōngguó jiātíng de nónghòu qīnqíng bùguāng shì fùmǔ de fèngxiàn,

子女[19] 孝敬[20] 父母 是 中国人 最 重视 的 美德 之一。很
zǐnǚ xiàojìng fùmǔ shì Zhōngguórén zuì zhòngshì de měidé zhīyī. Hěn

多 人 结婚 后 也 经常 回去 看望[21] 父母，一起 吃
duō rén jiéhūn hòu yě jīngcháng huíqu kànwàng fùmǔ, yìqǐ chī

饭。父母 也 很 盼望[22] 孩子们 回来，享受 天 伦 之
fàn. Fùmǔ yě hěn pànwàng háizimen huílai, xiǎngshòu tiān lún zhī

乐[23]。如果 不 在 一 个 城市 生活 的话，他们 也 会
lè. Rúguǒ bú zài yí ge chéngshì shēnghuó dehuà, tāmen yě huì

经常 打 电话 或 视频 聊天[24]。很 多 人 最少 一 个
jīngcháng dǎ diànhuà huò shìpín liáotiān. Hěn duō rén zuìshǎo yí ge

5 甘愿 gānyuàn：喜んで～する　6 奉献 fèngxiàn：捧げる　7 房 fáng：家、家屋
8 拿出 náchū：取り出す、持ち出す　9 几乎 jīhū：ほとんど、ほぼ（→文法ポイント1）　10 所有 suǒyǒu：全ての
11 积蓄 jīxù：貯蓄、貯金　12 退休 tuìxiū：定年退職する　13 收拾 shōushi：片付ける
14 照顾 zhàogù：世話をする　15 简直 jiǎnzhí：まるで、全く（→文法ポイント2）　16 保姆 bǎomǔ：家政婦
17 浓厚 nónghòu：濃い、深い　18 亲情 qīnqíng：肉親の情、家族愛　19 子女 zǐnǚ：息子や娘、子ども
20 孝敬 xiàojìng：孝行をする　21 看望 kànwàng：訪ねる、見舞う　22 盼望 pànwàng：待ち望む、心待ちにする
23 天伦之乐 tiān lún zhī lè：一家団欒の楽しみ　24 视频聊天 shìpín liáotiān：ビデオチャットをする

月 联系[25] 一 次， 甚至[26] 每 周 联系 一 次 以上。 到了
yuè liánxì yí cì, shènzhì měi zhōu liánxì yí cì yǐshàng. Dàole

春节， 一般 都 要 回 老家[27] 过年[28]。 另外， 很 多 人 还
Chūnjié, yìbān dōu yào huí lǎojiā guònián. Lìngwài, hěn duō rén hái

会 利用 休假 带 父母 旅游。 在 日本， 经常 可以 看到
huì lìyòng xiūjià dài fùmǔ lǚyóu. Zài Rìběn, jīngcháng kěyǐ kàndào

很 多 团体 游客， 其中 很 多 就 是 这 种 情况。
hěn duō tuántǐ yóukè, qízhōng hěn duō jiù shì zhèi zhǒng qíngkuàng.

DL 53
CD 2-23

孝敬 父母， 尊 老 爱 幼[29]， 这 是 中国 传统 文化
Xiàojìng fùmǔ, zūn lǎo ài yòu, zhè shì Zhōngguó chuántǒng wénhuà

的 重要 组成[30] 部分， 也 是 中国人 的 基本 价值观[31]。
de zhòngyào zǔchéng bùfen, yě shì Zhōngguórén de jīběn jiàzhíguān.

因此， 中国人 对 家庭 和 血缘 关系 极为[32] 重视。 你 对
Yīncǐ, Zhōngguórén duì jiātíng hé xuèyuán guānxì jíwéi zhòngshì. Nǐ duì

这 种 文化 怎么 看 呢？
zhèi zhǒng wénhuà zěnme kàn ne?

25 联系 liánxì：連絡する　26 甚至 shènzhì：甚だしくは、ひいては、～さえ（→文法ポイント3）
27 老家 lǎojiā：実家、ふるさと　28 过年 guònián：年越しを祝う、正月を迎える
29 尊老爱幼 zūn lǎo ài yòu：年寄りと子どもを大事にする　30 组成 zǔchéng：構成する
31 价值观 jiàzhíguān：価値観
32 极为 jíwéi：極めて

文法のポイント

DL 54
CD 2-24

1 几乎　ほとんど、ほぼ

程度や状況が“几乎”の後に述べた内容に非常に接近していることを表します。

① 会场中的座位几乎都坐满了。 Huìchǎng zhōng de zuòwèi jīhū dōu zuòmǎn le. 座位：座席

② 现在是梅雨季节，几乎每天都下雨。 Xiànzài shì méiyǔ jìjié, jīhū měitiān dōu xià yǔ.

③ 她日语说得几乎跟日本人一样。 Tā Rìyǔ shuōde jīhū gēn Rìběnrén yíyàng.

2 简直　まるで、全く

“简直”の後の内容を、「全くそのとおりだ」もしくは「ほとんどそれに等しい」と強調します。

① 这个会议简直是闹剧。 Zhèige huìyì jiǎnzhí shì nàojù.　闹剧：茶番劇

② 她化妆后，简直变成了另一个人。　另：別の、他の
Tā huàzhuāng hòu, jiǎnzhí biànchéngle lìng yí ge rén.

③ 这句话太难念了，简直像绕口令一样。　绕口令：早口言葉
Zhèi jù huà tài nán niàn le, jiǎnzhí xiàng ràokǒulìng yíyàng.

※“简直”と“几乎”の意味と用法は似ていますが、“简直”のほうが程度と語気が強く、誇張する場合が多く、比喩に使われることが多いです。

3 甚至　甚だしくは、ひいては、～さえ

際立った事例や極端な事例・範囲を示す時に用いられます。

① 嗓子疼得要命，甚至连水都喝不下。　嗓子：のど　喝不下：飲めない
Sǎngzi téngde yàomìng, shènzhì lián shuǐ dōu hēbuxià.

② 为了自由，甚至不惜牺牲生命。　不惜：惜しまない　牺牲：犠牲にする
Wèile zìyóu, shènzhì bùxī xīshēng shēngmìng.

③ 这个偶像天团风靡亚洲，甚至全世界。
Zhèige ǒuxiàng tiāntuán fēngmǐ Yàzhōu, shènzhì quán shìjiè.
偶像天团：アイドルグループ　风靡：大変な人気を博す　亚洲：アジア

李さんのつぶやき

「妻と母親が溺れていたら、どっちを先に助けるか」と聞かれたら、あなたはどう答えますか。究極な選択なので、模範解答はありませんが、中国では、どちらかというと、母親を先に助けると答える男性が多いかもしれません。その答えに対して、妻は悲しく思うでしょうけど、同時に「母親を大切にしない男はだめ」とある程度理解を示す人も少なくないようです。僕はどうかというと…まず自分が泳げるようにならなければならないなあ。

第十一课

練習問題

DL 55
CD 2-25

1 音声を聞いて、中国語で書きとり、本文の内容と一致するものに「○」、一致しないものに「×」をつけなさい。

(1) ______________________ (　　)

(2) ______________________ (　　)

(3) ______________________ (　　)

(4) ______________________ (　　)

2 下記の中から適切な単語を（　　）内に入れて、完成させた文を日本語に訳しなさい。

①更加	②所有	③照顾	④盼望	⑤联系
gèngjiā	suǒyǒu	zhàogù	pànwàng	liánxì

(1) 以后我要（　　　　）努力，学好汉语。
Yǐhòu wǒ yào (　　　　) nǔlì, xuéhǎo Hànyǔ.
日本語訳：______________________

(2) 如果有困难，请随时跟我（　　　　）。　随时：随時、いつでも
Rúguǒ yǒu kùnnan, qǐng suíshí gēn wǒ (　　　　).
日本語訳：______________________

(3) 她又得工作，又得（　　　　）孩子。
Tā yòu děi gōngzuò, yòu děi (　　　　) háizi.
日本語訳：______________________

(4) 孩子们都（　　　　）着圣诞节的到来。　圣诞节：クリスマス
Háizimen dōu (　　　　) zhe Shèngdànjié de dàolái.
日本語訳：______________________

(5) 我每个月（　　　　）的工资都得交给妻子。　交给：～に渡す
Wǒ měi ge yuè (　　　　) de gōngzī dōu děi jiāogěi qīzi.
日本語訳：______________________

3 日本語に合うように、(　　) 内の語句を並べ替えなさい。

(1) 一冊の良い本は人生さえ変えることができます。

一本好书 (人生 / 改变 / 可以 / 甚至)。　　改变：変える

Yì běn hǎo shū (rénshēng / gǎibiàn / kěyǐ / shènzhì).

____

(2) 彼とこんな話をするのはまるで馬の耳に念仏ですよ。

跟他谈这些话 (对牛弹琴 / 简直 / 是)。　　对牛弹琴：馬の耳に念仏

Gēn tā tán zhèixiē huà (duì niú tán qín / jiǎnzhí / shì).

____

(3) 二人の選手はほぼ同時にゴールインしました。

两位选手 (同时 / 几乎 / 到达终点)。　　到达终点：ゴールインする

Liǎng wèi xuǎnshǒu (tóngshí / jīhū / dàodá zhōngdiǎn).

____

(4) タピオカミルクティーを飲むために、彼女は喜んで1時間かけて並びます。

为了喝珍珠奶茶，她 (一个小时 / 排队 / 甘愿 / 花)。

Wèile hē zhēnzhū nǎichá, tā (yí ge xiǎoshí / páiduì / gānyuàn / huā).

珍珠奶茶：タピオカミルクティー　排队：列に並ぶ

____

4 この課の文法ポイントを活用して、以下の日本語を中国語に訳しなさい。(カッコ内の語句はヒントです)

(1) この作家の小説を、私はほとんど全部読んだことがあります。(作家：作家 zuòjiā)

____

(2) 彼女は非常にきれいで、まるで映画スターのようです。

(映画スター：电影明星 diànyǐng míngxīng)

____

(3) 彼はいつも遅刻します。自分が結婚する時さえ遅刻しました。

____

第十二课 中国人对日本到底怎么看?

数年前、テレビに映っていた中国の「反日デモ」の様子はまだ鮮明に脳裏に残っているのに、最近は数多くの中国人観光客が日本に押し寄せていますね。日本のことが嫌いであれば、わざわざ観光しに来るのでしょうか。中国人は一体日本のことをどう思っているのでしょうか。

DL 57
CD 2-27

由于 历史 原因 等，的确 有 不 少 中国人 对
Yóuyú lìshǐ yuányīn děng, díquè yǒu bù shǎo Zhōngguórén duì

日本 抱有 负面[1] 感情。但是，中日 两 国 在 上 世纪
Rìběn bàoyǒu fùmiàn gǎnqíng. Dànshì, zhōng rì liǎng guó zài shàng shìjì

八十 年代 也 曾[2] 经历过 “蜜月期”，很 多 中国人 都
bāshí niándài yě céng jīnglìguo “mìyuèqī”, hěn duō Zhōngguórén dōu

新出語句

DL 56
CD 2-26

1 负面 fùmiàn：マイナスの、消極的な
2 曾 céng：かつて

是 从小[3] 看 日本 动漫[4] 和 电视剧[5] 等 长大 的。 另外，
shì cóngxiǎo kàn Rìběn dòngmàn hé diànshìjù děng zhǎngdà de. Lìngwài,

"日本 制造"的 家电[6] 和 汽车 等 也 一直 受到 中国人
" Rìběn zhìzào" de jiādiàn hé qìchē děng yě yìzhí shòudào Zhōngguórén

的 青睐[7]。 所以 总 的 来 说， 对 日本 印象 良好 的
de qīnglài. Suǒyǐ zǒng de lái shuō, duì Rìběn yìnxiàng liánghǎo de

中国人 是 很 多 的。
Zhōngguórén shì hěn duō de.

那么， 为 什么 中国 会 发生[8] 反 日 运动 呢？ 除了
Nàme, wèi shénme Zhōngguó huì fāshēng fǎn rì yùndòng ne? Chúle

作为[9] 直接 原因 的 领土 争端[10] 之外， 我 认为 双方
zuòwéi zhíjiē yuányīn de lǐngtǔ zhēngduān zhīwài, wǒ rènwéi shuāngfāng

的 媒体[11] 起了 很 大 的 负面 作用。 一 方面， 国营
de méitǐ qǐle hěn dà de fùmiàn zuòyòng. Yì fāngmiàn, guóyíng

媒体 容易 受 政治 影响。 另 一 方面， 商业[12] 媒体
méitǐ róngyì shòu zhèngzhì yǐngxiǎng. Lìng yì fāngmiàn, shāngyè méitǐ

为了 吸引[13] 观众[14]， 不免[15] 会 报道[16] 一些 偏激[17] 的 内容。
wèile xīyǐn guānzhòng, bùmiǎn huì bàodào yìxiē piānjī de nèiróng.

这些 都 加剧了 两 国 民众[18] 的 对立。
Zhèixiē dōu jiājùle liǎng guó mínzhòng de duìlì.

3 从小 cóngxiǎo：小さい時から　4 动漫 dòngmàn：アニメと漫画（"动画片"と"漫画"の略）
5 电视剧 diànshìjù：テレビドラマ　6 家电 jiādiàn：家電　7 青睐 qīnglài：歓迎・好意を示す（→文法ポイント1）
8 发生 fāshēng：発生する、起きる　9 作为 zuòwéi：～として（→文法ポイント2）
10 争端 zhēngduān：争いのきっかけ　11 媒体 méitǐ：メディア
12 商业 shāngyè：商業、ビジネス　13 吸引 xīyǐn：引きつける　14 观众 guānzhòng：観客、視聴者
15 不免 bùmiǎn：～を免れない、どうしても～になる（→文法ポイント3）　16 报道 bàodào：報道する
17 偏激 piānjī：過激だ　18 民众 mínzhòng：民衆、大衆

DL 58
CD 2-28

不过，现在来日本旅游的中国人越来越多。
Búguò, xiànzài lái Rìběn lǚyóu de Zhōngguórén yuè lái yuè duō.

他们回国后，常会跟亲友讲述[19]自己在日本体验到的美好[20]事物。
Tāmen huíguó hòu, cháng huì gēn qīnyǒu jiǎngshù zìjǐ zài Rìběn tǐyàndào de měihǎo shìwù.

他们还常把照片和旅游感想发到[21]社交网站[22]上，和朋友们分享[23]。
Tāmen hái cháng bǎ zhàopiàn hé lǚyóu gǎnxiǎng fādào shèjiāo wǎngzhàn shang, hé péngyoumen fēnxiǎng.

因此，喜爱[24]日本的粉丝[25]正在成倍[26]增长。
Yīncǐ, xǐ'ài Rìběn de fěnsī zhèngzài chéng bèi zēngzhǎng.

而与此相反[27]，由于一些中国游客的不文明行为，以及双方文化习惯的不同等，日本人对中国人的印象却一直很差。
Ér yǔ cǐ xiāngfǎn, yóuyú yìxiē Zhōngguó yóukè de bù wénmíng xíngwéi, yǐjí shuāngfāng wénhuà xíguàn de bùtóng děng, Rìběnrén duì Zhōngguórén de yìnxiàng què yìzhí hěn chà.

这实在是令人遗憾。
Zhè shízài shì lìng rén yíhàn.

你有没有什么建议[28]可以改善这种情况呢？
Nǐ yǒu méiyou shénme jiànyì kěyǐ gǎishàn zhèi zhǒng qíngkuàng ne?

19 讲述 jiǎngshù：述べる、話す　20 美好 měihǎo：美しい、素敵だ
21 发 fā：送る、送信する　22 社交网站 shèjiāo wǎngzhàn：SNSサイト
23 分享 fēnxiǎng：シェアする　24 喜爱 xǐ'ài：好きだ、好む
25 粉丝 fěnsī：ファン　26 成倍 chéng bèi：倍になる
27 与此相反 yǔ cǐ xiāngfǎn：これと反対に　28 建议 jiànyì：アドバイス

文法のポイント

DL 59
CD 2-29

1 受（到）～（的）青睐　～に好かれている、～に支持されている

“受（到）～（的）欢迎”や“受（到）～（的）喜爱”と同じ意味です。書き言葉に使われることが多いです。

① 他在公司很受上司的青睐。
Tā zài gōngsī hěn shòu shàngsi de qīnglài.

② 新产品一上市就受到了消费者的青睐。　上市：発売する
Xīn chǎnpǐn yí shàngshì jiù shòudàole xiāofèizhě de qīnglài.

③ 北海道的阿寒湖是深受中国游客青睐的观光景点。　观光景点：観光スポット
Běihǎidào de Āhánhú shì shēn shòu Zhōngguó yóukè qīnglài de guānguāng jǐngdiǎn.

2 作为　～として

人のある身分、事物のある性質について言う時に使われます。

① 作为领导，应该以身作则。　领导：リーダー　以身作则：自らの行動で模範を示す
Zuòwéi lǐngdǎo, yīnggāi yǐ shēn zuò zé.

② 作为公务员，要为人民服务。　服务：奉仕する
Zuòwéi gōngwùyuán, yào wèi rénmín fúwù.

③ 他送给我一支钢笔作为纪念。　钢笔：万年筆
Tā sònggěi wǒ yì zhī gāngbǐ zuòwéi jìniàn.

3 不免　～を免れない、どうしても～になる、～も無理ない

前に述べた原因で、望ましくない結果が必然的にもたらされることを表します。

① 第一次面试，不免紧张。Dì yī cì miànshì, bùmiǎn jǐnzhāng.　面试：面接する

② 婆媳之间不免闹矛盾。Póxí zhījiān bùmiǎn nào máodùn.　婆媳：嫁姑　闹矛盾：仲たがいする

③ 现在是上班高峰时间，电车不免发生延误。　高峰：ラッシュ　延误：遅延する
Xiànzài shì shàngbān gāofēng shíjiān, diànchē bùmiǎn fāshēng yánwù.

李さんのつぶやき

日本のことが大嫌いな友人がいました。何で日本なんかに留学に行くのかと言われてカチンと来たことがありました。そんな友人ですが、写真が好きで日本製のカメラを何台も持っています。数年前、彼は機材を買いに初めて日本に来ましたが、すっかり日本のことが大好きになってしまいました。彼は特に携帯灰皿に感動し、帰国する時たくさん買って帰り、しばらくマナーのいい喫煙者ぶっていたらしいです。

練習問題

DL 60
CD 2-30

1 音声を聞いて、中国語で書きとり、本文の内容と一致するものに「○」、一致しないものに「×」をつけなさい。

(1) ________________________________ (　　)

(2) ________________________________ (　　)

(3) ________________________________ (　　)

(4) ________________________________ (　　)

2 下記の中から適切な単語を（　　）内に入れて、完成させた文を日本語に訳しなさい。

①曾	②吸引	③实在	④发生	⑤分享
céng	xīyǐn	shízài	fāshēng	fēnxiǎng

(1) 他的演讲（　　　　　　）了很多听众。
Tā de yǎnjiǎng（　　　　　　）le hěn duō tīngzhòng.
日本語訳：________________________________

(2) 她母亲（　　　　　　）是一位有名的歌手。
Tā mǔqin（　　　　　　）shì yí wèi yǒumíng de gēshǒu.
日本語訳：________________________________

(3) 谁都希望与别人一起（　　　　　　）快乐。
Shéi dōu xīwàng yǔ biérén yìqǐ（　　　　　　）kuàilè.
日本語訳：________________________________

(4) 给你添了不少麻烦，（　　　　　　）是不好意思。
Gěi nǐ tiānle bù shǎo máfan,（　　　　　　）shì bù hǎoyìsi.
日本語訳：________________________________

(5) 2020 年全世界（　　　　　　）了严重的流行性疾病。
Èr líng èr líng nián quán shìjiè（　　　　　　）le yánzhòng de liúxíngxìng jíbìng.
日本語訳：________________________________

3 日本語に合うように、(　　) 内の語句を並べ替えなさい。

(1) 私はボランティアとして今回の活動に参加しました。

我 (志愿者 / 参加 / 作为) 了这次活动。　　志愿者：ボランティア

Wǒ (zhìyuànzhě / cānjiā / zuòwéi) le zhèi cì huódòng.

(2) 前の恋人を思い出すと、彼はどうしてもいくぶん感傷的になります。

想起以前的恋人，他 (有些 / 不免 / 伤感)。

Xiǎngqǐ yǐqián de liànrén, tā (yǒuxiē / bùmiǎn / shānggǎn).

(3) アップル社の製品は全世界で人気を博しています。

苹果公司的产品在全世界都 (青睐 / 受 / 很)。

Píngguǒ gōngsī de chǎnpǐn zài quán shìjiè dōu (qīnglài / shòu / hěn).

(4) 家庭暴力が子どもの成長に大きなマイナス影響をもたらしました。

家庭暴力对孩子的成长 (负面作用 / 很大的 / 起了)。

Jiātíng bàolì duì háizi de chéngzhǎng (fùmiàn zuòyòng / hěn dà de / qǐle).

4 この課の文法ポイントを活用して、以下の日本語を中国語に訳しなさい。(カッコ内の語句はヒントです)

(1) タピオカミルクティーは日本でとても若者に好かれています。(若者：年轻人 niánqīngrén)

(2) リーダーとして、当然このことに対して責任を取らなければなりません。

(責任を取る：负责 fùzé)

(3) 夫婦の間では言い争いが起きるのは免れません。(夫婦：夫妻 fūqī　言い争い：争吵 zhēngchǎo)

第十二课

◇◇ 索 引 ◇◇

gàn	**干** やる、する	第七課
gāngbǐ	**钢笔** 万年筆	第十二課
gāofēng	**高峰** ラッシュ	第十二課
gǎo	**搞** やる、行う	第四課
géwài	**格外** 特に、ことのほか	第十課
gè fù gè de	**各付各的** 別々に支払う	第二課
gēn shēn dì gù	**根深蒂固** 根強い	第一課
gēnjù	**根据** ～によって、～に基づいて	第九課
gèngjiā	**更加** より、いっそう	第十一課
gōngxīnzú	**工薪族** サラリーマン	第三課
gōngyùlóu	**公寓楼** マンション	第十課
gōngzī	**工资** 給料	第二課
gòu	**够** 足りる、十分だ	第六課
gòumǎi	**购买** 買い求める	第一課
gù	**顾** かまう、気を配る	第四課
gùshi	**故事** 物語	第九課
guānyú	**关于** ～について、～に関して	第五課
guānzhòng	**观众** 観客、視聴者	第十二課
guānzhù	**关注** 関心を持つ、注目する	第十課
guànjūn	**冠军** チャンピオン	第一課
guāng	**光** ～だけ	第四課
guāngcǎi	**光彩** 光栄だ、鼻が高い	第六課
guānguāng jǐngdiǎn	**观光景点** 観光スポット	第十二課
guīju	**规矩** ルール、決まり	第五課
guìxià	**跪下** ひざまずく、土下座する	第七課
guò~	**过~** ～すぎる	第五課
guòfèn	**过分** 過分に、～すぎる	第五課
guònián	**过年** 年越しを祝う、正月を迎える	第十一課
guòyìbuqù	**过意不去** すまなく思う、恐縮に思う	第二課

H

hǎoxiàng	**好像** ～のようだ	第八課
hǎozhuǎn	**好转** 好転する	第八課
hēbuxià	**喝不下** 飲めない	第十一課
hékuàng	**何况** まして～は言うまでもない	第七課
hézū	**合租** 共同で借りる	第十課
hùlǐ	**护理** 介護する	第四課
huā	**花** (時間や金銭を)費やす	第三課
huàyǔ	**话语** 言葉	第七課
huàzhuāng	**化妆** 化粧する	第五課
huánjìng	**环境** 環境	第四課
huǎngyán	**谎言** 嘘	第一課
huì	**会** ～だろう	第一課
huòqǔ	**获取** 手に入れる	第六課
huòzhě	**或者** あるいは	第二課

J

jīhū	**几乎** ほとんど、ほぼ	第十一課
jīhui	**机会** 機会、チャンス	第七課
jīlěi	**积累** 積む	第六課
jīliè	**激烈** 激しい、熾烈だ	第十課
jīxù	**积蓄** 貯蓄、貯金	第十一課
jíbiàn rúcǐ	**即便如此** それにしても	第一課
jíshǐ~yě…	**即使~也…** たとえ～としても	第七課
jíwéi	**极为** 極めて	第十一課
jì	**季** シーズン	第十課
jìde	**记得** ～と記憶している	第一課
jì lǐngdài	**系领带** ネクタイを締める	第五課
jìrán	**既然** ～である以上、～したからには、～なら	第二課
jìshù gōngyì	**技术工艺** 製造技術	第六課
jiādiàn	**家电** 家電	第十二課
jiājù	**加剧** 激化する、ひどくなる	第六課
jiàzhíguān	**价值观** 価値観	第十一課
jiǎnqīng	**减轻** 軽減する	第八課
jiǎnzhí	**简直** まるで、全く	第十一課
jiànjiàn	**渐渐** だんだんと	第六課
jiànwài	**见外** よそよそしい	第七課
jiànyì	**建议** アドバイス	第十二課
jiǎng páichang	**讲排场** 見栄を張る、派手好みだ	第二課
jiǎngjiu	**讲究** こだわる、重んじる	第七課
jiǎngshù	**讲述** 述べる、話す	第十二課
jiāo	**交** 納める、支払う	第十課
jiāogěi	**交给** ～に渡す	第十一課
jiāotán	**交谈** 言葉を交わす、話し合う	第十課
jiēcéng	**阶层** 階層、階級	第十課
jiéguǒ	**结果** 結果	第五課
jièkǒu	**借口** 言い訳、口実	第八課
jǐnguǎn rúcǐ	**尽管如此** それにもかかわらず、それなのに	第二課
jìnxíng píngjià	**进行评价** 評価を行う	第九課
jīnglì	**经历** 経験する、経験	第三課

O

ǒuxiàng tiāntuán	偶像天团	アイドルグループ	第十一課

P

pāizhào	拍照	写真を撮る	第八課
páiduì	排队	列に並ぶ	第十一課
páizi	牌子	ブランド	第九課
pānbǐ	攀比	互いに張り合う、競って見栄を張る	第十課
pànwàng	盼望	待ち望む、心待ちにする	第十一課
pàng	胖	太る	第四課
pào wēnquán	泡温泉	温泉に入る	第九課
pàozǎo	泡澡	風呂に浸かる	第八課
péi	赔	損する	第八課
pèiyīn yǎnyuán	配音演员	声優	第八課
pìrú	譬如	例えば	第八課
piānjī	偏激	過激だ	第十二課
pínfù fēnhuà	贫富分化	貧富の両極化	第四課
píngcháng	平常	普通だ、ありふれている	第十課
píngjūn shòumìng	平均寿命	平均寿命	第六課
póxí	婆媳	嫁姑	第十二課
pòfèi	破费	お金を使う、散財する	第二課

Q

qícì	其次	その次	第六課
qíguài	奇怪	不思議だ、奇妙だ	第七課
qíshí	其实	実は	第一課
qítā	其他	ほかの、その他の	第八課
qǐ	起	起こる、生じる	第八課
qǐ	起	事件などを数える量詞	第十課
qìfèn	气愤	腹が立つ	第十課
qiàn rénqíng	欠人情	借りを作る	第二課
qīnjìn	亲近	親しい、仲良しだ	第七課
qīnqíng	亲情	肉親の情、家族愛	第十一課
qīnyǒu	亲友	親戚と友人	第一課
qīngchu	清楚	はっきりしている	第二課
qīngjié	清洁	清潔にする、清める	第八課
qīnglài	青睐	歓迎・好意を示す	第十二課
qīngshì	轻视	軽視する	第八課
qīngyì	轻易	安易に、気軽に	第十課
qǐngkè	请客	奢る、ご馳走する	第二課
qióng	穷	貧乏だ	第二課
què	却	～のに、～にもかかわらず	第七課

R

ràokǒulìng	绕口令	早口言葉	第十一課
rénjia	人家	人様	第三課
rènwéi	认为	～と考える、～と思う	第二課
réngrán	仍然	依然として	第一課
rì xīn yuè yì	日新月异	日進月歩	第十課
róngyì	容易	～しやすい	第三課
rú～yíyàng	如～一样	～のように、～のとおり	第四課
rúguǒ	如果	もしも	第三課
rúshàng suǒ shù	如上所述	以上述べたように	第六課
rù xiāng suí sú	入乡随俗	郷にいれば郷に従え	第三課

S

sǎngzi	嗓子	のど	第十一課
sǎodì	扫地	すっかり失う	第八課
shānghài	伤害	傷つける、害する	第二課
shāngliang	商量	相談する	第二課
shāngyè	商业	商業、ビジネス	第十二課
shāngyè móshì	商业模式	ビジネスモデル	第一課
shàngshì	上市	発売する	第十二課
shèhuì jīngyàn	社会经验	社会経験	第六課
shèjì	设计	デザイン	第六課
shèjiāo wǎngzhàn	社交网站	SNSサイト	第十二課
shēncái	身材	スタイル	第五課
shèntòu	渗透	浸透する	第六課
shènzhì	甚至	甚だしくは、ひいては、～さえ	第十一課
shēngqì	生气	怒る	第一課
shēngzhí	升值	貨幣価値が上がる	第六課
Shèngdànjié	圣诞节	クリスマス	第十一課
shífēn	十分	非常に	第四課
shízài	实在	実に	第十課
shì～ér dìng	视～而定	～によって決まる、～次第	第二課
shìdù	适度	適度の	第二課
shìpín liáotiān	视频聊天	ビデオチャットをする	第十一課
shìshí	事实	事実	第一課
shìyán	誓言	誓いの言葉	第七課
shōushi	收拾	片付ける	第十一課

xiāngqīn wǎngzhàn	**相亲网站** お見合いサイト	第六課
xiāngxìn	**相信** 信じる	第一課
xiāngyìng	**相应** 相応する	第九課
xiánghé	**祥和** 穏やかだ	第三課
xiǎngshòu	**享受** 享受する、楽しむ、堪能する	第九課
xiàng~xuéxí	**向~学习** ~に習う	第五課
xiàng~yíyàng	**像~一样** まるで~のようだ	第六課
xiāoshòu	**销售** 販売する	第六課
xiāotiáo	**萧条** 不景気だ、不況だ	第二課
xiāoxi	**消息** 情報	第八課
xiǎobǎobao	**小宝宝** 赤ちゃん	第六課
xiǎojiǔguǎn	**小酒馆** 居酒屋	第三課
xiǎoqi	**小气** けち臭い	第二課
xiàojìng	**孝敬** 孝行をする	第十一課
xiàoyì	**效益** 効果と利益	第六課
xīnqíng	**心情** 気持ち、気分	第三課
xīnyì	**心意** 気持ち	第七課
xìnxī	**信息** 情報	第十課
xīngfèn	**兴奋** わくわくする	第三課
xíng	**行** よろしい、オーケーだ	第十課
xíngchéng	**形成** 生成する、できあがる	第一課
xíngxiàng	**形象** 姿、イメージ、印象	第九課
xìngqù	**兴趣** 興味	第三課
xǔduō	**许多** たくさん	第二課
xuānchuán	**宣传** 宣伝する	第六課
xuānhuá	**喧哗** 騒ぐ	第三課
xùnsù	**迅速** 非常に速い	第十課

Y

yādī	**压低** 低く抑える	第四課
yāsuìqián	**压岁钱** お年玉	第七課
Yàzhōu	**亚洲** アジア	第十一課
yán yǐ lù jǐ	**严以律己** 自分に厳しい	第五課
yánqī	**延期** 延期する	第十課
yánwù	**延误** 遅延する	第十二課
yǎnguāng	**眼光** 視線	第五課
yǎnqián	**眼前** 目の前、目先	第六課
yǎnshǔ	**鼹鼠** モグラ	第六課
yěxǔ	**也许** ~かもしれない	第五課
yīliáo jìshù	**医疗技术** 医療技術	第六課
yíhàn	**遗憾** 残念だ	第四課
yíqiè	**一切** 全て、全部	第三課
yí shì wú chéng	**一事无成** 何事もできない	第五課
yìbān lái shuō	**一般来说** 一般的に言えば	第七課
yǐjí	**以及** 及び	第十課
yǐ shēn zuò zé	**以身作则** 自らの行動で模範を示す	第十二課
yì	**亿** 億	第十課
yìdǒng	**易懂** 分かりやすい	第八課
yīncǐ	**因此** そのため	第一課
yǐnsī	**隐私** プライバシー	第十課
yīng'ér	**婴儿** 赤ちゃん	第一課
yóu~lái…	**由~来…** ~よって…する	第二課
yóuqí	**尤其** 特に、とりわけ	第一課
yóuyú	**由于** ~のため	第一課
yǒuqù	**有趣** 面白い	第五課
yǒushíhou	**有时候** 時には、~の時がある	第八課
yǒusuǒ	**有所** (ある程度)~がある、~した点がある	第九課
yǒuxiē	**有些** 少し、いささか	第一課
yǔ cǐ tóngshí	**与此同时** それと同時に	第十課
yǔ cǐ xiāngfǎn	**与此相反** これと反対に	第十二課
yǔ~xiāngbǐ	**与~相比** ~に比べて	第四課
yuánliàng	**原谅** 許す	第七課
yuànyì	**愿意** したいと思う、したがる	第一課
yùndòng	**运动** 運動する	第九課
yùnqi	**运气** 運	第八課

Z

zài~kànlái	**在~看来** ~から見ると	第七課
zàiyì	**在意** 気にする、気になる	第五課
zàn bù jué kǒu	**赞不绝口** 絶賛する	第五課
zàochéng	**造成** (悪い結果を)引き起こす、もたらす	第四課
zé	**则** ~と比較して…は	第五課
zěnme bàn	**怎么办** どうする	第一課
zhàn dìfang	**占地方** 場所を取る	第五課
zhànshèng	**战胜** 勝つ	第五課
zhǎngbèi	**长辈** 年長者	第七課
zhǎngdà	**长大** 大きくなる	第六課
zhàogù	**照顾** 世話をする	第十一課
zhēnde	**真的** 本当に	第三課
zhēnzhū nǎichá	**珍珠奶茶** タピオカミルクティー	第十一課
zhēngchǎo	**争吵** 言い争い	第十二課

著　者
李軼倫（東京外国語大学ほか非常勤講師）

表紙デザイン
（株）欧友社

イラスト
川野郁代

そうだったんだ！中国 〜慧眼看中国〜

2021年1月9日　初 版 発 行
2024年2月20日　第3刷 発 行

著　者　©李軼倫
発行者　福岡正人
発行所　株式会社 **金星堂**

〒101-0051　東京都千代田区神田神保町 3-21
Tel. 03-3263-3828　Fax. 03-3263-0716
E-mail : text@kinsei-do.co.jp
URL : http://www.kinsei-do.co.jp

編集担当　川井義大　2-00-0721
組版／株式会社欧友社　印刷／興亜産業　製本／松島製本

ISBN978-4-7647-0721-4　C1087